WALTER TOMAN

FAMILIENTHERAPIE: GRUNDLAGEN, EMPIRISCHE ERKENNTNISSE UND PRAXIS

ERTRÄGE DER FORSCHUNG

Band 119

WALTER TOMAN

FAMILIENTHERAPIE: GRUNDLAGEN, EMPIRISCHE ERKENNTNISSE UND PRAXIS

1979

WISSENSCHAFTLICHE BUCHGESELLSCHAFT

DARMSTADT

CIP-Kurztitelaufnahme der Deutschen Bibliothek

Toman, Walter:
Familientherapie: Grundlagen, empir. Erkenntnisse u. Praxis / Walter Toman. — Darmstadt: Wissenschaftliche Buchgesellschaft, 1979.
(Erträge der Forschung; Bd. 119)
ISBN 3-534-07752-0

345

Bestellnummer 7752-0

Satz: Maschinensatz Gutowski, Weiterstadt
Druck und Einband: Wissenschaftliche Buchgesellschaft, Darmstadt
Printed in Germany
Schrift: Linotype Garamond, 9/11

ISBN 3-534-07752-0

INHALTSVERZEICHNIS

1. DIE ENTWICKLUNG DER PSYCHOTHERAPIE

Versuche, den Menschen in ihren inneren Nöten zu helfen, sind schon aus dem Altertum und Mittelalter bekannt. Menschen mit Liebeskummer, Personen, die trotz Macht und Reichtum sich nicht glücklich fühlten oder von Eifersucht geplagt waren, Personen, die über die Vergänglichkeit des Lebens oder über den Ungehorsam ihrer Kinder nicht hinwegkamen, suchten bei ihren Medizin- und Religionsmännern, später bei ihren Philosophen Trost und Verständnis.

Die inneren Nöte mancher Menschen waren allerdings für solche Hilfsangebote zu groß. Solche Menschen waren verzweifelt, in Panik oder verwirrt. Sie konnten Wirklichkeit und Phantasie nicht mehr unterscheiden. Sie tobten mitunter gegen ihre Umgebung. Sie attackierten Menschen und Tiere und zerstörten Sachgegenstände. Sie kamen oft auch selbst dabei zu Schaden. Man nannte sie von Dämonen oder vom Teufel besessen und fuhr mit größeren Kalibern zu ihrer Hilfeleistung auf. Mitunter nahm man sogar von Hilfeleistungen Abstand und suchte, sich vor solchen schwer gestörten Menschen zu schützen. Man verbannte sie, sperrte sie in Kerker oder tötete sie sogar. Im Mittelalter geschah dies unter der Anklage der Hexerei. Über sie und „die Kunst ihres Nachweises durch Tortur" (Institoris und Sprenger 1489) berichtete der ›Hexenhammer‹ oder ›Malleus maleficarum‹. Schon damals traten humanere Beobachter der Szene und der Religionsdogmatik auf und argumentierten gegen die Deutung der Komplizenschaft mit dem Teufel, deren man die Hexen und Hexer bezichtigte. Es handle sich vielmehr um psychische Krankheiten und Störungen der betroffenen Menschen. Die Kranken bedurften des Schutzes der ärztlichen Behandlung (J. L. Vives 1492–1540, J. Weyer 1515–1588, zitiert nach Zilboorg und Henry 1941). Andere

„Humanisten" folgten (Dorothea L. Dix 1802–1887, Ph. Pinel 1745–1826, J. M. Charcot 1825–1893, zitiert nach Zilboorg und Henry 1941), und etwa ab dem 18. Jahrhundert wurde auch die Bevölkerung empfänglicher für Gedanken der Schonung der Erkrankten. Dieses öffentliche Verständnis für psychische Krankheiten war auch durch den Umstand gefördert worden, daß große Dichter wie Shakespeare, Molière oder Goethe unter anderem Wahnsinnige oder die Entstehung von Wahnsinn dramatisch darzustellen versuchten und daß manche bedeutsame und bekannte Dichter, Komponisten und bildende Künstler (wie Hölderlin, Lenau, Nietzsche, Schumann, van Gogh) selbst Opfer von schweren psychischen Störungen wurden. Diese manifestierten sich auch in ihren Gedanken und Werken und konnten von wissenschaftlichen Beobachtern genauer studiert werden.

Im 19. Jahrhundert gelang es schließlich Nervenärzten, Krankheitserscheinungen nach ihrer Art und Schwere in ein System zu bringen, welches *Geistes- und Gemütskrankheiten* als Psychosen voneinander und von anderen psychischen Krankheiten abgrenzte (Kraepelin 1883). Zu letzteren gehörten einerseits Krankheiten wie die progressive Paralyse, die erst J. Haslam und J. E. D. Esquirol von den Geistes- und Gemütskrankheiten verläßlich unterschieden und in deren Anamnese syphilitische Primärinfektionen nachgewiesen werden konnten (A. Fournier und R. von Krafft-Ebing; siehe auch Zilboorg und Henry 1941), und die Nervositätszustände oder *neurotischen Erkrankungen* andererseits.

Letztere hatten ähnlich wie die Geistes- und Gemütskrankheiten keine eindeutig feststellbaren organischen Grundlagen. Während man aber bei den Geisteskrankheiten wie der Schizophrenie, der Hebephrenie, der Paranoia, den Gemütskrankheiten der Manie und Depression oder den Persönlichkeitsveränderungen infolge von Epilepsie organische Grundlagen vermutete und später den Krankheiten selbst auch auf organischem Wege (d. h. durch besondere Medikamente oder durch Verfahren wie die Insulin- oder Elektro-Schocktherapie) beizukommen trachtete, hielt man die neurotischen Erkrankungen für vorwiegend erfahrungsabhängig. Traumatische Erlebnisse, schwere Enttäuschungen oder konfliktgeladene Lebenssituationen, an denen die Betreffenden nicht viel ändern konnten, kamen in den Überlegungen der psychologischen Beobachter (z. B. P. Janet 1892, J. M. Charcot 1886–1890 und S. Freud 1894, 1900, 1916/17) als Ursachen in Frage. Daher wurden für diese neurotischen Erkrankungen auch andere Behandlungsverfahren gesucht: Suggestion, Hypnose, schließlich Psychoanalyse und psychoanalytisch orentierte Psychotherapie.

1.1. Die klassische Psychotherapie

Freuds Abstandnahme von Suggestion und Hypnose, aber auch von Übung, Belehrung und Auftrag an den Patienten zugunsten des Behandlungsverfahrens der Psychoanalyse darf als eine historische Wende betrachtet werden. Ähnlich wie Sokrates seinen philosophischen Diskussionspartner nicht über die Welt, den Menschen, das Gute etc. belehrte, sondern ihn dazu ermunterte, seine eigenen Vorstellungen darüber zu äußern, zu entwickeln und im Falle von inneren Widersprüchen zu korrigieren, so verlangte Freud von seinen Patienten, daß sie alles sagen sollten, was ihnen einfiel, ob es nun klug oder dumm, gut oder böse war, ob sie sich darüber freuten oder in Furcht oder Zorn gerieten. Er selbst, der Psychoanalytiker, sah und hörte dem zu, fragte, kommentierte und deutete die Einfälle, Erinnerungen und damit verbundenen Affekte und Konflikte, hielt sich aber selbst im Hintergrund. Seine eigenen Gedanken und Erinnerungen standen hier nicht zur Debatte. Er, der Psychoanalytiker, blieb gegenüber dem Patienten 'abstinent'. Er berichtete ihm nichts über sich selbst. Er belehrte ihn nicht, er offerierte keine konkreten Hilfen in der Alltagswirklichkeit des Patienten. Er gab keine Ratschläge und keine Aufträge. Er verhalf dem Patienten lediglich dazu, sich selbst und seine Vergangenheit besser kennenzulernen und schließlich nach eigener Einsicht und eigenem Ermessen das Leben anders zu sehen und sich anders einzurichten als bisher. Der Psychoanalytiker offerierte Hilfe zur Selbsthilfe.

Dabei entdeckte Freud, daß es gar nicht so leicht für den Patienten war, alles zu sagen, was ihm einfiel. Er stockte manchmal, er wich Gedankengängen aus, die er begonnen hatte zu äußern. Er empfand manchmal Unbehagen und wollte mitunter die Behandlung sogar unterbrechen. Freud beschrieb dieses Verhalten als *innere Widerstände* des Patienten gegen unbewußte oder verdrängte Motive und Affekte. Der Patient hatte Angst, etwa seinen Haß auf eine Person seiner Umgebung zu äußern. Er vermied die Erinnerung an eine Festlichkeit, weil er dabei eine große Enttäuschung erlebt hatte. Er fühlte sich traurig und konnte nicht sagen warum. Weitere Einfälle blieben ihm aber aus.

Außerdem beobachtete Freud, daß trotz der Zurückhaltung des Psychotherapeuten und seiner affektiven Neutralität gegenüber dem Patienten dieser sich vom Psychotherapeuten manchmal gehaßt oder verachtet, manchmal geschätzt, geliebt oder gefürchtet fühlte, und daß er auch selbst dem Psychotherapeuten gegenüber manchmal Wohlwollen und manchmal Ärger, manchmal Liebe, Verehrung, Furcht, Trauer oder Neid empfand. Wenn ihm der Psychotherapeut keinen Anlaß zu diesen Gefühlen und Haltungen gegeben hatte, und das sollte er ja nach der Abstinenzregel, dann erlebte ihn der Patient offenbar so, wie er sonst Personen aus seiner Alltagswirklichkeit erlebt hatte und erlebte. Freud nannte das Phänomen *Übertragung*. Der Patient reagierte auf den Psychotherapeuten wie auf Personen seiner Vergangenheit und Gegenwart.

Die ständige Beachtung und gelegentliche Handhabung der Übertragung gehört zu den Aufgaben des Psychoanalytikers oder psychoanalytisch orientierten Psychotherapeuten. Dieses psychoanalytische Verfahren, das, wie bereits erwähnt, Ähnlichkeiten mit der sokratischen Kunst des philosophischen Diskutierens hat, wurde auch das Verfahren der klassischen Psychotherapie genannt. Zum Unterschied von der philosophischen Diskussion geht es allerdings im psychotherapeutischen Gespräch nicht um die weise Betrachtung der Welt, sondern um Affekte, Motive und Interessen des Patienten im Alltag. Das, was er im Leben erreichen möchte, das, was er nicht bekommen kann oder glaubt, nicht bekommen zu können, das, was ihn dabei ängstigt, ärgert oder traurig macht, steht im psychotherapeutischen Gespräch zur Debatte. Der Psychotherapeut hilft dem Patienten, verloren geglaubte Möglichkeiten der Befriedigung seiner Motive und Interessen wiederzugewinnen oder, wenn diese sich als real nicht erreichbar erweisen, besser als bisher auf sie zu verzichten.

Die Thematik des Gespräches bestimmt der Patient, der Psychotherapeut darf aber auf schon angesprochene Themen zurückkommen. Der Psychotherapeut kommentiert und deutet die Äußerungen des Patienten unter Berücksichtigung seiner inneren Widerstände und seines Übertragungsverhaltens.

Diese *klassische Psychotherapie* gibt es etwa seit der Jahrhundertwende. Sie hat sich allerdings im Laufe der Jahrzehnte verfeinert. Während innere Widerstände anfänglich vom Psychotherapeuten „frontal attackiert" wurden, lernten Psychotherapeuten später immer besser, sie zu umgehen oder Lücken in ihnen zu nützen. Dadurch wurden die psychotherapeutischen Behandlungen weniger schockierend für die Patienten und langfristig erfolgreicher. Immer seltener gaben Patienten lieber die Psychotherapie als ihre inneren Widerstände auf. Immer seltener blieben aber auch Patienten in ihren Übertragungen auf den Psychotherapeuten als den mächtigen und formidablen Schockerzeuger für die Dauer ihrer Psychotherapie und über sie hinaus befangen.

Die klassische Psychotherapie ist keineswegs auf *Freud* und seine Schüler beschränkt. Auch *Jung* (1912) und *Adler* (1920) sowie deren Schüler müssen der klassischen Psychotherapie zugezählt werden. Daran ändert auch der Umstand nichts, daß Jung, Adler, *Sullivan* (1947) und *Schultz-Hencke* (1940, 1951) unter den vom Patienten eingebrachten Themen etwas anders selegierten als Freud. – Die klassische Psychotherapie stellt sogar die Ausgangsmatrix für jene Schulen der Psychotherapie dar, die sich später von ihr distanziert haben und in bestimmten

Aspekten des psychotherapeutischen Intervenierens ausdrücklich abweichen, wie etwa die nicht-direktive Psychotherapie, die Kommunikationstherapie und sogar die Verhaltenstherapie.

Die klassische Therapie ist auch keineswegs auf die Einzeltherapie beschränkt. Sowohl in der Psychotherapie mit Kindern wie in der Gruppen-Psychotherapie und in der Familientherapie gelten unter bestimmten Modifikationen die gleichen psychotherapeutischen Interventionsregeln. In der *Kinderpsychotherapie* besteht die Modifikation vor allem darin, daß nicht nur gesprochen, sondern auch gespielt wird und ein gewisses Inventar von Spieldingen zur Ausstattung des Psychotherapieraumes gehört. In der *Gruppentherapie* sollen alle Mitglieder sagen können, was sie wollen und was ihnen einfällt. Das erfordert bestimmte Rücksichtnahmen aufeinander. Nicht nur der Gruppentherapeut, sondern auch die Gruppenmitglieder müssen den anderen zuhören und sie ausreden lassen. Der Gruppentherapeut hat nicht nur die Übertragungen der Gruppenmitglieder auf ihn selbst, sondern auch auf andere Gruppenmitglieder zu beachten. In der *Familientherapie* muß er darüber hinaus die chronischen Übertragungen der Familienmitglieder aufeinander zu erfassen suchen. Dazu gehört etwa der Wunsch eines Vaters, sein Sohn möge ihn wie ein großer Bruder betreuen, oder seine Tochter immer ein kleines Mädchen bleiben, der Wunsch einer Mutter, ihr Sohn solle sie gegenüber dem ungeliebten Gatten rechtfertigen und rächen, oder der Wunsch einer Tochter, ihre Eltern so ins Ausgedinge zu schicken, wie es ihre Mutter mit deren Eltern gemacht hat.

1.2. Andere Schulen der Psychotherapie

1.2.1. Die nicht-direktive Therapie

Die *nicht-direktive Therapie* wurde von Rogers (1942) in den vierziger Jahren im Protest gegen die angebliche Deutungssucht mancher Psychoanalytiker, insbesondere auch gegen die Deutungen innerer Widerstände der Patienten, entwickelt, bei denen der Psychoanalytiker scheinbar immer recht haben mußte. Der Patient konnte ja entweder seine Motive und Konflikte zwar unter Angst, aber im übrigen doch so sehen und erleben, wie sie ihm der Psychotherapeut gedeutet hatte. Oder er konnte sie nicht so sehen und erleben. Dann waren eben sein Unbehagen, seine Angst und seine Widerstände gegen die Deutung des Psychotherapeuten zu groß (siehe auch Haley 1963).

Außerdem hielt Rogers die Behandlung der Vergangenheit des Patienten und seines Übertragungsverhaltens für problematisch. Wichtiger als die Vergangenheit sei das, was jetzt und hier im Patienten vorgehe. Und wenn der Psychotherapeut das, was er den Patienten sagen höre, immer gleich reflektiere, wenn er es sozusagen dem Patienten zur Bestätigung vorlege, ob er es richtig wiedergegeben habe, und wenn er dem Patienten selbst das Gefühl vorbehaltloser Akzeptierung entgegenbringe, dann entstehe gar kein Übertragungsverhalten (Rogers 1951).

Wir werden noch sehen, daß Übertragungsverhalten kaum verhinderbar ist und daß Rogers mit seiner Auflage an den Psychotherapeuten, daß er den Patienten vorbehaltlos akzeptieren müsse, ein Übertragungsverhalten des Psychotherapeuten – nach Freud ein sogenanntes Gegenübertragungsverhalten – setzt und im Patienten sogar ein bestimmtes Übertragungsverhalten provoziert. Der Patient soll den Psychotherapeuten wie eine gütige und keinerlei Bedingungen setzende Person wahrnehmen.

Rogers behielt jedoch die psychoanalytische Regel bei, daß der Patient oder, wie er ihn lieber bezeichnete, daß der Klient sagen können soll, was ihm einfällt und was ihm auf dem Herzen liegt. Rogers nahm dies sogar zum Anlaß, seine Psychotherapie klientenzentrierte Psychotherapie zu nennen (Rogers 1951), so als ob andere Formen der Psychotherapie nicht klienten- oder patientenzentriert wären. Im deutschen Sprachraum wurde sogar der Terminus „Gesprächspsychotherapie“ dafür einzuführen versucht (Tausch 1968), so als ob andere Formen der Psychotherapie keine Gesprächspsychotherapie wären.

1.2.2. Die Verhaltenstherapie

Die *Verhaltenstherapie* kann als der Versuch betrachtet werden, explizit lerntheoretische Konzepte für die Psychotherapie zu adjustieren und einzusetzen (Dollard und Miller 1950, Mowrer 1950, Wolpe 1958, Eysenck 1964, Bandura 1969; auch Blöschl 1969, Meyer und Chesser 1970, Yates 1970, Lazarus 1971, London 1972, Rachman 1972). Die dabei verwendeten verhaltenstherapeutischen Verfahren kann man in zwei oder besser noch in drei Typen zusammenfassen.

Das erste Verfahren ist jenes der *reziproken Hemmung*, auch Angsthemmung oder Desensibilisierung genannt. Der Patient wird durch Zuspruch, durch persönlichen Beistand bei Wahrnehmungs- und Phantasieproben 'im Laboratorium' an jene Erlebnisse, Ereignisse und Personen zunehmend gewöhnt, die ihm in Wirklichkeit Angst bereiten. Es wird gehofft, daß sich der Patient mit dieser verminderten Angst auch jenen Erlebnissen, Ereignissen oder Personen in der Alltagswirklichkeit nähern kann, vor denen er sich bisher fürchtete, und daß ihn die Erfolge dabei allmählich weitertragen werden.

Das zweite Verfahren ist das *Aversions-Training.* Von anderen und/oder vom Patienten unerwünschte Verhaltensformen – wie etwa Bettnässen oder Transvestitismus (der Hang etwa eines jungen Mannes, sich als Frau zu verkleiden) – werden den Patienten durch negativen Zuspruch, durch Äußerungen der Mißbilligung, durch Vorstellung der unangenehmen Folgen, ja sogar durch die experimentelle Verabreichung von Schmerzreizen verleidet.

Das dritte Verfahren schließlich wird von Verhaltenstherapeuten als *Beobachtungs- oder Modell-Lernen* bezeichnet. Der Verhaltenstherapeut führt dem Patienten Modellpersonen vor, die das tun, wovor der Patient Angst hat oder wogegen er eine Aversion entwickeln soll. Mitunter zeigt ihm der Verhaltenstherapeut selbst etwas vor.

Von diesen drei Verfahren entstammt das erste im Prinzip, obschon nicht in der konkreten Durchführung, der klassischen

Psychotherapie. Auch in dieser wird im wesentlichen die Angst vor jenen Erlebnissen und Personen reduziert, die gegenwärtig für den Patienten nicht mehr realistisch ist (obwohl sie es wahrscheinlich einmal war). Dies geschieht aber freier, in komplizierterer Form und nach dem Ermessen des Patienten. Der Psychotherapeut schreibt nichts vor, führt keine fixen Routinen ein, sondern begleitet den Patienten aufmerksam bei seinen Gedankengängen, Erinnerungen und affektiven Reaktionen.

Aversionstraining gibt es in der klassischen Psychotherapie nicht. Da wird vielmehr erwartet, daß der Patient durch die Entdeckung verloren geglaubter Möglichkeiten der Motiv- und Interessenbefriedigung das unerwünschte Verhalten gar nicht mehr auszuüben braucht. Es erbringt ihm weniger Befriedigung als die wiederentdeckten oder neuentdeckten Möglichkeiten.

Beobachtungs- oder Modell-Lernen schließlich kommt in der klassischen Psychotherapie nur in beschränkter und indirekter Form vor. Der Psychotherapeut hilft dem Patienten, die Modellpersonen seiner Vergangenheit und Alltagswirklichkeit auf ihre Bedeutung für ihn und den realen Nutzen ihrer Vorbilder und Lehren zu untersuchen und seine Vorstellungen von ihnen gegebenenfalls zu revidieren. Der Psychotherapeut selbst zeigt dem Patienten nichts vor, belehrt ihn nicht und sagt ihm auch nicht, wie er etwas sehen oder machen soll. Das einzige Vorbild, das der klassische Psychotherapeut seinem Patienten de facto gibt, ist der Umgang mit den Affekten, Motiven und Konflikten des Patienten. Der Patient lernt im Laufe der Behandlung zunehmend besser, sich selbst so gegenüberzutreten, wie es der Psychotherapeut ihm gegenüber tut. Er lernt die Fragen, Kommentare und Deutungen des Psychotherapeuten zu antizipieren und letzten Endes sich selbst zu geben. Wenn ihm dies häufig oder immer gelingt, und zwar ohne daß er sich angestrengt darum bemüht, sondern eher wie von selbst, kann die psychotherapeutische Behandlung bald beendet werden.

1.2.3. Die Kommunikationstherapie

Die *Kommunikationstherapie* nimmt sich nicht so sehr zum Ziel, psychisch oder im Verhalten gestörte Personen zu verändern bzw. zu „heilen“, als vielmehr die gestörten Kommunikationen von Personen mit ihren Mitmenschen zu korrigieren und zu verbessern (Bateson et al. 1956, Laing et al. 1966, Watzlawik et al. 1967). Das ergäbe automatisch auch eine Besserung oder Beseitigung der psychischen und Verhaltens-Störungen, wird behauptet. Psychische Krankheit sei durch Kommunikationsstörungen mit den Hauptbezugspersonen entstanden und könne auch oder nur durch die Entstörung der Kommunikationen geheilt werden.

Auch die klassische Psychotherapie impliziert solche Thesen. Auch in ihr geht es in der Hauptsache um die Veränderung und Verbesserung der Beziehungen zu den Mitmenschen. Alle äußeren Konflikte eines Menschen sind in Auseinandersetzungen mit anderen Personen entstanden. Alle inneren Konflikte eines Menschen haben in solchen äußeren und realen Konflikten ihren Ursprung. Ängste, Aggressionen und im Verlauf der Entwicklung geleistete Verzichte beziehen sich vorwiegend auf die Personen der unmittelbaren Umgebung.

Was die Kommunikationstherapie allerdings von der klassischen Psychotherapie unterscheidet, ist ihr Versuch, den Patienten die Sprache, in der sie mit ihren Bezugspersonen oder im Falle etwa von Gruppentherapie miteinander kommunizieren, zu verbessern. Auch nicht-verbale oder implizite Mitteilungen werden in die Betrachtung mit einbezogen, aber die Betrachtung selbst ist vorwiegend sprachlich und logisch und außerdem vor allem auf die gegenwärtigen Kommunikationen bezogen. Die Patienten sollen sich klarer ausdrücken lernen. Zu diesem Zwecke werden sie sogar im eindeutigen widerspruchsfreien Sprechen instruiert und in Mitteilungsübungen nach Anleitung verwickelt. Mitunter lehrt man sie sogar Begriffe und Sätze der Kommunikationstheorie.

In der klassischen Psychotherapie erfolgt keine solche Belehrung. Der Psychotherapeut bedient sich ausschließlich der Ausdrucksweise und Idiome des Patienten. Er führt selbst keine Termini und keine Wissenschaftssprache ein. Der Patient bereinigt in der Psychotherapie nicht so sehr seine logischen Widersprüche mit den Menschen seiner Umgebung, sondern seine emotionalen Erlebnisse und seine praktischen und mitunter physischen Interessenkonflikte (siehe Toman 1968, 1978 a, b; auch Schraml 1970, Pongratz 1973, 1978).

1.3. Weitere Psychotherapieformen

Außer diesen größeren Schulen der Psychotherapie, von denen die zuletzt genannte, die Kommunikationstherapie, als rezenteste auch den relativ geringsten praktischen Erfahrungsschatz aufweisen kann, gibt es eine Fülle von kleineren Schulen, von denen die wichtigsten kurz genannt seien:

Das von Freud ursprünglich versuchte Verfahren der Hypnose wird in der *Hypnotherapie* (Wolberg 1948) weitergeführt. Die logische Konsistenz der Gedanken und Meinungen des Patienten in der Wirklichkeit und Gegenwart betonen ähnlich wie später die Kommunikationstherapie auch schon die *rationale Therapie* (Ellis 1950) und die *Realitätstherapie* (Glasser 1965), die anschauliche und emotionale Erfahrung und das Durchleben der Konflikte in der Behandlung die *Erlebnistherapie* (Whitaker und Malone 1953). Die *direkte Psychotherapie* sucht insbesondere bei der Behandlung schwerer gestörter und psychotischer Patienten durch die Einnahme der Rolle einer mütterlichen Person die Deutungen auch der besonders primitiven und infantilen Motive des Patienten diesem akzeptabler und diskutierbar zu machen (Frieda Fromm-Reichmann 1950, Rosen 1953). In der *Gestalt-Therapie* werden Lebenssituationen und Konflikte durch räumliche Anordnungen von anwesenden oder auch erinnerten und phantasierten Personen und Dingen anschaulich gemacht (Perls 1973, Perls et al. 1951), im *Psychodrama* durch Rollenspiele unter der Anleitung des Psychotherapeuten Konfliktlösungen versucht (Moreno 1946).

In der *transaktionalen Psychotherapie* unterscheidet man in Anlehnung an Freud drei Äußerungsebenen: die infantile, die erwachsen-realistische und die elternhafte. In Auseinandersetzungen miteinander können sich zwei Menschen dadurch verfehlen, daß sie auf verschiedenen Ebenen zueinander reden. Aufgabe der transaktionalen Therapie ist es unter anderem, die Menschen zur Kommunikation auf den gleichen Ebenen zu bringen (Berne 1964, Harris 1967).

Das *autogene Training* soll dem Klienten eine bessere Kontrolle über seine vegetativen Prozesse, insbesondere über seinen Muskeltonus, seinen Blutkreislauf und seine Atmung vermitteln und ihn dadurch auch Autosuggestionen seiner eigenen Wahl zugänglicher machen (Schultz 1932). Im *katathymen Bilderleben* werden Vorstellungs- und Erlebnisübungen nach den Anregungen und Vorgaben des Therapeuten praktiziert (Leuner 1970). In der *Urschrei-Therapie* wird die Katharsis des „Urschmerzes", der frühen und frühesten Enttäuschungen des Patienten, durch Schrei- und Weinübungen eingeleitet (Janov 1970).

Die *Existenzanalyse* und *Existenz-Therapie* schließlich versucht, dem Patienten nicht nur verloren geglaubte Möglichkeiten seiner Motiv- und Interessenbefriedigungen wiederzufinden, sondern auch bei der Suche nach einem Sinn des Lebens zu helfen. Wenn es nötig ist, belehrt der Psychotherapeut den Patienten sogar über den Sinn des Lebens und seines Daseins (z. B. Jaspers 1946, Binswanger 1953, Frankl 1947, von Weizsäcker 1947, Caruso 1952, May 1953 u. a.). Zu dieser Gruppe zählt man auch die Psychotherapie, welche die *humanistischen Psychologen* betreiben (z. B. Goldstein 1940, Angyal 1941, Rogers 1951, Maslow 1954, Kelly 1955, Mahrer 1967, Bühler und Massarik 1968).

2. DIE ENTWICKLUNG DER FAMILIENTHERAPIE

2.1. *Zur Vorgeschichte der Familientherapie*

In der *Kinder-Psychotherapie,* in der, wie bereits erwähnt, gesprochen und gespielt wird, geht es fast immer um die Konflikte des Kindes mit einem oder beiden Elternteilen oder mit Geschwistern, manchmal sogar um Konflikte der Eltern miteinander, die das Kind bemerkt, die es in Angst versetzen und auf die es sich schließlich einzurichten versucht. Gerade das kann es aber nur auf eine auffällige und neurotische Weise, deretwegen es schließlich in die Beratung kommt (z. B. Anna Freud 1927, Melanie Klein 1932; auch Virginia Axline 1947, Erikson 1950).

In dem Ausmaß, als Kinder in der Spieltherapie sich freier zu äußern wagen und durch die Duldung und Ermunterung des Psychotherapeuten während der Spielstunden sich auch zu Hause anders zu verhalten beginnen, werden aber die Eltern unruhig. Ein Kind, das wegen eines schwelenden Konfliktes der Eltern ängstlich und schüchtern geworden ist, tritt nunmehr vielleicht aggressiver auf, testet seine Eltern mit immer neuen Forderungen und tritt schließlich mit der eigentlichen Forderung an die Eltern: der Vater soll die Mutter lieben oder sie zumindest schonen. Und wenn er die Familie verläßt, soll er viel Geld zahlen müssen.

In einem solchen Falle werden in der Regel auch die Eltern mitberaten. Sie müssen auf irgendeine Weise erfahren, worum es dem Kind geht, allerdings ohne daß dabei das Vertrauen des Kindes in den Therapeuten enttäuscht oder das Kind 'verraten' wird. Sie müssen aber auf die Veränderungen im Verhalten des Kindes vorbereitet werden. Wenn sie dadurch selbst in psychische Schwierigkeiten geraten, bedürfen sie mitunter einer eigenen Psychotherapie. Das kann aber nicht vom gleichen

Psychotherapeuten wie jenem des Kindes geleistet werden. Das Kind würde ihm sonst mißtrauen, wissen wollen, was die Eltern sagen und welche Partei er selbst, der Psychotherapeut, ergreift, und die Eltern würden ähnliches versuchen. Der Psychotherapeut hätte Mühe, seine Mittlerrolle zwischen Kind und Eltern einzuhalten.

Man half sich so, daß man den Eltern einen anderen Berater oder Psychotherapeuten anbot, mitunter sogar zwei, damit jeder seine Vertrauensperson haben konnte, und gelegentlich kamen alle drei Klienten mit ihren Beratern, sozusagen ihren psychotherapeutischen Vertretern, zusammen und besprachen gemeinsam die Lage. Dabei mußten die Berater und Psychotherapeuten achtgeben, daß sie nicht zuviel „aus der Schule plauderten". Auch jetzt noch durften sie nichts preisgeben, was zwischen ihnen und ihren jeweiligen Mandanten gesprochen worden war, ohne daß diese ausdrücklich zustimmten, und am sichersten war dies dann gewährleistet, wenn der jeweilige Mandant das, was er vorgebracht haben wollte, selbst sagte.

Man darf vermuten, daß angesichts dieser Komplikationen bei der Kinder-Psychotherapie und der begleitenden Beratung der Eltern, angesichts des Personalaufwandes und der Notwendigkeit aller Berater, auch untereinander über die Behandlung in Verbindung zu sein, etwas wie Familientherapie seit 50 Jahren in der Luft lag und so manchem Psychotherapeuten vorschwebte. Andererseits hatte man doch Hemmungen, die Einzeltherapie aufzugeben, in der der Psychotherapeut die Vorgänge in der Regel klar überschaute und auch der Klient oder Patient sich ohne äußere Störungen seinen inneren Anliegen widmen konnte.

Mit der zunehmenden Praxis der *Gruppentherapie* stieg allmählich auch der Mut zur Familientherapie. In der Gruppentherapie hatte man gelernt, auch mehreren Gruppenmitgliedern gleichzeitig und der Gruppe als Ganzes nach den Regeln der klassischen Psychotherapie zuzuhören (z. B. Aichhorn 1925, Slavson 1950, Balint 1957, Bion 1961, Battegay 1967, Yalom 1970, Richter 1972, Ammon 1973, Foulkes 1974). Das erforderte allerdings, daß auch die Gruppenmitglieder jenem von ihnen zuhörten, der gerade redete, und daß sie ihn zu Ende sprechen ließen. Übertragungsverhalten konnte von jedem einzelnen Gruppenmitglied erwartet werden, und zwar Übertragungsverhalten nicht nur auf den Gruppentherapeuten, sondern auch auf jedes der Gruppenmitglieder. Das Übertragungsverhalten eines Gruppenmitgliedes auf den Gruppentherapeuten war nicht selten im Widerspruch zu jenem eines anderen Gruppenmitgliedes. Während einer der Gruppenklienten wollte, daß der Psychotherapeut als mächtiger und strenger Vater handelte, sollte er einem anderen Gruppenklienten eher wie ein gütiger und nachgiebiger Vater oder, noch besser, wie eine Mutter sein, und ein dritter Gruppenklient meinte, daß er vom Psychotherapeuten geringgeschätzt oder verachtet werde.

Gegenübertragungsverhalten des Psychotherapeuten wurde durch diese unterschiedlichen Erwartungen der Gruppenmitglieder mittel- und langfristig besser in Kontrolle gehalten als in der Einzeltherapie. Wäre der Gruppentherapeut auf die Erwartungen des einen Gruppenmitgliedes eingegangen, dann hätten andere sich in ihren Erwartungen enttäuscht gefühlt und innerlich oder äußerlich dagegen protestiert. Das Gruppengespräch wäre ins Stocken geraten. Es hätte Streit und Feindseligkeiten unter den Gruppenmitgliedern gegeben, die indirekt auch gegen den Gruppenleiter gerichtet gewesen wären. Der Gruppenleiter hätte früher oder später sein Gegenübertragungsverhalten ansprechen und vielleicht sogar deuten müssen. Damit wäre er aber kein optimaler Zuhörer mehr für die Gruppe gewesen. Er hätte dann die Gruppe mit einem seiner eigenen Probleme belastet. So wichtig es für das Geschehen in der Gruppe ist, daß der Gruppenleiter in einem solchen Falle seinen Interventionsfehler zugibt, so wichtig, oder noch wichtiger, ist es, daß er möglichst wenige Fehler dieser Art macht.

Übertragungsverhalten der Gruppenmitglieder aufeinander muß von den jeweils betroffenen Gruppenmitgliedern *nicht* mit Abstinenz und dem Verweis auf die Vergangenheit und Alltagswirklichkeit des übertragenden Gruppenmitgliedes beantwortet werden. Das Gruppenmitglied *darf* mit Gegenübertragungsverhalten antworten. Es darf so reagieren, wie es Menschen auf mißverständliche Haltungen und Erwartungen eines Kontrahenten im Alltag tun. Wenn jemand im Alltag einen anderen in Worten attackiert, darf der andere die Attacke zurückweisen oder gegenattackieren. Wenn jemand einen anderen mit einem Freundschaftsangebot überrascht, kann der andere es annehmen oder sich Bedenkzeit erbitten oder es sogar zurückweisen. Er hat keinen Auftrag, den Betreffenden auf die Herkunft seiner freundschaftlichen Gefühle in seiner Vergangenheit aufmerksam zu machen.

Weil die Abstinenzregel nur für den Gruppenleiter gilt, ist dieser auch kein Gruppenmitglied wie die Klienten. Er hat vielmehr die Aufgabe, die Gruppensitzungen im Interesse aller Gruppenmitglieder zu lenken und sich selbst im Hintergrund zu halten. Er bestimmt auch das Ende der jeweiligen Gruppensitzungen. Er ist außerdem der Organisator. Er hat die Klienten nach bestimmten Gesichtspunkten für die Gruppe selegiert und mit ihnen über die Möglichkeit der Gruppentherapie verhandelt.

Er hat beispielsweise eine Gruppe von Müttern zusammengestellt, die ihr erstes Kind bekommen haben. Dieses Merkmal mußte für alle Gruppenmitglieder erfüllt sein. Darüber hinaus aber konnten die Mütter älter oder jünger, selbst berufstätig oder nicht, finanziell unabhängig oder in gewissen Schwierigkeiten sein. Ihr Kind konnte vor wenigen Wochen, vor Monaten oder vor Jahren geboren worden sein. Vielleicht sollte er auch ein oder zwei Mütter mit mehr als einem Kind dabeihaben.

Bei einer Gruppe von Studenten kann er trachten, männliche und weibliche Personen, verschiedene Fachrichtungen und unterschiedliche Studienalter zu versammeln. Bei einer Gruppe von Ärzten und Sozialarbeitern, die über ihre psychologischen Erfahrungen in der Praxis sprechen wollen (Balint-Gruppe, Balint 1957), nimmt er vielleicht alle nach der Reihenfolge der Anmeldung, sofern sie einander nicht kennen und auch nicht an der gleichen Arbeitsstelle tätig sind. Da die Gruppe im Interesse ihrer Mitglieder nicht zu groß sein darf (5 bis 7 Mitglieder gelten als eine optimale Zahl), ist eine solche Selektion nach mehreren Gesichtspunkten oft gar nicht einfach.

Der Gruppenleiter legt in der Regel auch fest, daß der Austritt aus der Gruppe jederzeit möglich ist, sofern das betreffende Gruppenmitglied die Gruppe über eine solche Absicht informiert und ihr Gelegenheit gibt, darüber zu sprechen. Der Gruppenleiter bestimmt ferner, daß neue Gruppenmitglieder nur mit Zustimmung der Gruppe aufgenommen werden können oder daß die Gruppenmitglieder außerhalb der Gruppensitzungen für die Dauer der Gruppentherapie keinen Kontakt miteinander pflegen sollen. Er regt auch die Beendigung der Gruppentherapie an und beendet sie schließlich, nachdem die Gruppe Gelegenheit zur Diskussion der Implikationen bekommen hat.

Charakteristisch für die Gruppentherapie ist die Möglichkeit, daß Gruppenmitglieder sich von anderen Gruppenmitgliedern belehren oder Vorbilder geben lassen. Für einen Gruppenleiter der klassischen Gruppentherapie gilt dagegen ähnlich wie für den Psychotherapeuten in der Einzeltherapie von Erwachsenen, daß er nichts über sich selbst mitteilt, daß er nichts vorzeigt und keine Anweisungen dafür gibt, wie Lebenssituationen und Konflikte zu handhaben sind. Lediglich in der Einzeltherapie von Kindern wird diese Interventionsregel nicht so genau genommen. Da kann etwa in der Einnahme von Erwachsenenrollen durch den Psychotherapeuten in den spielerischen Auseinandersetzungen des Kindes mit seiner Lebenssituation auch gezeigt werden, wie Erwachsene sind oder wie sie sein könnten. Selbst dann haben diese Versuche des Psychotherapeuten allerdings eher die Funktion von Deutungen. Der Therapeut impliziert eigentlich nur, daß es so sein könnte, und das Kind muß letzten Endes entscheiden, ob es so ist bzw. ob es die Situation oder die betreffenden Personen so haben möchte oder nicht.

Auch in der klassischen Gruppentherapie gilt jedenfalls, daß der Gruppenleiter kein Lehrer, kein Vorbild oder Demonstrator, kein Helfer in der Alltagswirklichkeit ist. Das einzige, was er nicht verhindern kann zu zeigen, ist, wie er in der Gruppe interveniert und die Gruppe lenkt. Interventionen sind allerdings in der Regel kein Diskussionsgegenstand in der Gruppe, oder nur, wenn er Fehler begangen hat, wenn er beispielsweise unzureichend oder unrichtig zugehört hat oder wenn ihm eine eigene persönliche Meinung über die Alltagswirklichkeit der Gruppenmitglieder entschlüpft ist.

Was der Gruppenleiter in der Gruppe tut, wird von den Gruppenmitgliedern so ähnlich registriert, wie etwa der Patient der Einzeltherapie bemerkt, in welcher Weise ihm und seinen Interessen, seinen Gefühlen und Konflikten, der Psychotherapeut gegenübertritt. Der Patient kann allerdings zunächst darüber keine Angaben machen. Er ist zu befangen in den Auseinandersetzungen mit seiner eigenen Vergangenheit und seiner gegenwärtigen Lebenssituation. Erst gegen Ende der Psychotherapie gelingt es dem Patienten häufiger und mitunter regelmäßig, die Interventionen des Psychotherapeuten zu antizipieren. Er hat sich mit dem Psychotherapeuten und dessen Art von Umgang mit seinen, des Patienten, Problemen identifiziert.

Man sagt, daß dieser Vorgang, wenn er nicht forciert vom Patienten versucht wird, sondern sozusagen unwillkürlich und spontan eintritt, das nahe Ende der Psychotherapie indiziert. Dagegen erweisen sich solche Versuche in den Anfängen einer Psychotherapie in der Regel als „Agieren". Darunter sind die Bestrebungen des Patienten verstanden, durch Nachahmung des Psychotherapeuten, aber auch auf andere Weise, etwa durch Handlungen in der Alltagswirklichkeit, durch Mutproben in Bereichen, in denen man nach der Meinung des Psychotherapeuten mit Ängsten kämpft, gerade diesen Ängsten und den inneren Konflikten darüber zu entgehen. Man beweist dem Psychotherapeuten durch Handlungen, daß er falsch gedeutet hat.

Ähnliches gilt auch für die Gruppentherapie. Auch hier sind die Versuche der Gruppenmitglieder, so zu intervenieren, wie man es den Gruppenleiter tun sieht, am Anfang selten und dann mitunter falsch. Der Gruppenleiter, der solche gelegentlichen Versuche zuläßt, korrigiert im letzteren Falle meistens die Intervention, sofern dies nicht schon ein anderes Gruppenmitglied tut. Wenn aber die Gruppe die Intervention des Gruppenleiters häufiger, ohne ausdrückliches Bemühen darum und in der Regel richtig antizipieren kann, darf auch hier angenommen werden, daß das Ende der Gruppentherapie naht. Die Gruppenmitglieder haben sich mit dem Gruppenleiter und dessen Umgang mit der Gruppe identifiziert. Sie können in dieser Gruppe, vielleicht auch in anderen Gruppen, sich so ähnlich verhalten, wie es ihrer Vermutung nach der Gruppenleiter tun würde.

Die Gruppentherapie hat den Nachteil, daß der einzelne Klient sich mit den übrigen Klienten die Aufmerksamkeit des Gruppenleiters teilen muß. Da bleibt weniger Zeit und weniger Möglichkeit, auf seine individuellen Probleme im einzelnen einzugehen. Die Gruppe als Ganzes bestimmt das Geschehen mit.

Die Gruppentherapie hat aber auch einen erheblichen Vorteil: Der Klient kann beobachten, wie andere Klienten sich in ähnlichen Konfliktsituationen wie den seinen verhalten haben oder verhalten möchten. Die Klienten dürfen füreinander in der Gruppe nicht nur Gegenübertragungsverhalten zeigen und so reagieren, wie ihnen eben zumute ist, sie dürfen auch eigene Eindrücke, Erfahrungen, Konflikte und Versuche, diese zu lösen, in das Gruppengespräch einbringen. Sie dürfen einander belehren. Sie dürfen voneinander lernen. Sie bekommen in der Regel sogar mehr und vielfältigere Beispiele für Motiv- und Interessenbefriedigungsmöglichkeiten in der Wirklichkeit, als der Patient der Einzeltherapie aus seinem Erfahrungsschatz allein hervorholen kann. Angst- und sorgenerregende Themen, die der Patient der Einzeltherapie zunächst vermeiden will oder denen er sich in seinen Erinnerungen und Gedanken manchmal nur zaghaft nähert, werden ihm in der Gruppe von anderen Gruppenmitgliedern mitunter eklatant vorgesetzt. Noch ehe er ein Abwehrmanöver versuchen kann, ist die Diskussion bereits im Gange. Und ehe er es sich versieht, erfährt er über Ereignisse und Möglichkeiten, mit diesen fertig zu werden, an die er selbst vielleicht nie gedacht hätte.

2.2. Der Beginn der Familientherapie

Aus beiden Erfahrungsbereichen also, aus der Kindertherapie und der Gruppentherapie, kam der Entschluß mancher Therapeuten, es auch mit einer besonderen Gruppe, nämlich der Familie zu versuchen. Historisch betrachtet waren die ersten deklarierten Familientherapeuten allerdings nicht so sehr die Kindertherapeuten als jene Psychotherapeuten, die sich an jugendliche und erwachsene Patienten mit infantilen Interessen- und Persönlichkeitsstrukturen gewagt hatten, nämlich an psychotische, insbesondere an schizophrene Patienten.

Psychosen waren von Freud (1916/17) als narzißtische Neurosen bezeichnet und ihre Behandelbarkeit durch Psychoanalyse von Anfang an in Frage gestellt worden. Wegen ihrer extremen Ambivalenz gegenüber ihren Hauptbezugspersonen bzw. wegen ihrer Regression auf einen bezugspersonenlosen psychischen Zustand sind diese Patienten auch der Übertragungsbindung an einen Psychotherapeuten zumindest nicht in jener Form fähig, in der sie in der psychoanalytischen Behandlung auftritt und geduldet bzw. genutzt wird. Psychotherapeuten konnten nicht verhindern, daß die Patienten die Verweisungen ihres Übertragungsverhaltens an ihre eigene Vergangenheit und Alltagswirklichkeit durch den Psychotherapeuten als elementare Zurückweisungen erlebten. „Wenn du nicht ganz anders für mich da bist, wenn du mir nicht öfter, intensiver und gütiger zur Verfügung stehst, wenn du nicht mein Beschützer, Freund und Lehrer sein willst, kann ich mich mit dir nicht einlassen.“ So etwa lautete die Deutung, die der psychotische Patient dem psychoanalytischen Verhalten, dem Verhalten des klassischen Psychotherapeuten in der Regel entgegenbrachte.

Da dieser Anspruch des psychotischen Patienten auch Dauer impliziert – er will eigentlich für immer einen solchen Beschützer, Freund und Lehrer –, kann ihm der Psychotherapeut nur bedingt helfen. Er wäre nur in der Lage, ihm diese lebenslängliche Freundschaft zu bieten, wenn er entweder lediglich einige wenige solcher Patienten akzeptiert und mit dem anderen Teil seiner Arbeitszeit sich jenen geringer gestörten Patienten widmet, die ihn nicht als Beschützer und Lehrer brauchen und sich nach ein oder zwei Jahren Psychotherapie selbst weiterhelfen können; oder er würde, wenn er nur psychotische Patienten nimmt, auf eine Erweiterung oder einen Wechsel seiner Klientel langfristig verzichten.

Eine dritte Möglichkeit wäre, dem Patienten einen solchen Beschützer und Freund zu rekrutieren; einen Freund, der nach den gelegentlichen Anleitungen des Psychotherapeuten oder aber auf eigene Faust bereit ist, beim Patienten zu bleiben und diesen je nach dem Grad der Störung ähnlich wie ein Kind oder einen Jugendlichen zu betreuen, auch wenn er längst das Erwachsenenalter erreicht hat. Wo aber konnte man einen solchen Freund bekommen? Und was bekam der Freund dafür, sofern er nicht schon da war, sofern er nicht längst schon ein solches Interesse hatte? Wenn der psychotische Patient verheiratet war, dann kam der Ehemann oder die Ehefrau als ein solcher Freund in Frage. Wenn er nicht verheiratet war – der viel wahrscheinlichere Fall –, dann konnte man in der Ursprungsfamilie des psychotischen Patienten nach solchen Personen suchen. Wer lag da näher als die Eltern oder ein Geschwister des Patienten, eventuell auch ein Onkel, eine Tante, ein Großelternteil oder ein Cousin bzw. eine Cousine?

Selbst in diesem Personenkreis war allerdings ein Freund nicht leicht zu rekrutieren. In manchen Familien erschien eine solche Möglichkeit geradezu das letzte, was sie sich wünschten. Eben weil der Patient in der Familie nicht mehr haltbar war, hatte man ihn ja in eine stationäre Behandlung gebracht. Im Grunde wollte man ihn los sein. Der Patient war unerträglich gewesen.

Die Theorien über die Entstehung von psychotischen Erkrankungen gehen auseinander. Freud wird zugeschrieben, daß er der klassischen Psychiatrie der Jahrhundertwende (z. B. Kraepelin 1883) und ihrem Glauben an die organische und konstitutionelle Verursachung von Psychosen (deren organische Komponenten man im einzelnen allerdings noch nicht gefunden hatte) eine dynamische und prozessuale Auffassung entgegensetzte. In dieser spielten die Umwelt und die Reaktionen des Individuums auf sie eine bedeutende Rolle. Psychische Krankheit entsteht durch Umweltschädigungen. Freud ließ aber auch eine konstitutionelle Komponente gelten. Manche Personen bringen von Geburt an eine so schwache psychische Konstitution mit, daß ihnen auch die geringfügigen Härten und Entbehrungen einer durchschnittlichen Umwelt zuviel sind und sie erkranken müssen. Andere Personen sind von so robuster Konstitution, daß selbst schwere Umweltschädigungen wie etwa der Verlust von Eltern oder der Wechsel zu Pflegeeltern sie zwar vorübergehend erschüttern, aber nicht permanent krank machen (Freud 1916/1917).

Diese Auffassung klingt so vernünftig, daß man sich ihr nur schwer entziehen kann. Es ist allerdings nicht ganz einfach, den Einfluß der Konstitution im konkreten Falle abzuschätzen. Man kann es eigentlich nur indirekt, nur nach einem Eliminationsverfahren tun (Toman 1968, 1978 b). Wenn in der Anamnese einer psychopathologischen Entwicklung keine Umweltschädigungen, keine traumatischen Ereignisse, keine Verluste von Familienmitgliedern und anderen bedeutsamen Bezugspersonen erkennbar sind, ist die Annahme wahrscheinlicher, daß es sich bei der betreffenden Person um konstitutionelle Schwächen handelt. Wenn dagegen solche traumatischen Ereignisse *vorliegen*, kann die psychopathologische Entwicklung mit ihnen in Zusammenhang gebracht werden. Welcher Art dieser Zusammenhang ist, muß im Detail erkundet werden.

Die Entscheidung darüber ist in der Regel nicht ohne Bedeutung für eventuelle psychotherapeutische Maßnahmen. Liegt eine konstitutionelle Schwäche vor, dann sind eher stützende Verfahren angezeigt, solche, in denen der Therapeut auch Anleitungs-, Erziehungs- und Vorbildfunktionen annehmen darf oder in denen überhaupt Betreuer für den Patienten rekrutiert werden. Liegen Umweltschäden vor, dann darf man hoffen, ihre Wirkungen mit Hilfe von klassischer Psychotherapie mildern oder aufheben zu können.

Trotz der Plausibilität der Annahme von zwei Komponenten, der psychischen Konstitution und den Umwelteinflüssen, hat eine Gruppe von Psychotherapeuten psychotischer Patienten behauptet, psychische Krankheit sei die Folge von Umwelteinflüssen allein, konkreter: von gestörten Kommunikationen in den Ursprungsfamilien der Patienten. Da aber die Eltern diese Kommunikationen wesentlicher bestimmen als die Kinder, seien die Eltern sozusagen schuld an der Krankheit ihrer Kinder (siehe z. B. Bateson et al. 1956, Laing et al. 1966, Watzlawik et al. 1967). Daraus folgern Kommunikationstherapeuten, daß die Eltern und der Kranke anders miteinander sprechen lernen müssen (siehe auch S. 10 f.). Widersprüchliche oder mehrdeutige Mitteilungen müssen zunehmend unterbunden werden. Ein Training im richtigen verbalen und nicht-verbalen Kommunizieren sei erforderlich.

Was dabei übersehen wird, ist eben die Möglichkeit einer von Anfang an gegebenen psychischen Schwäche des Kindes. Dieses kann beispielsweise nicht warten. Es braucht die Befriedigung aller seiner Bedürftigkeitszustände prompter und dringlicher als andere Kinder. Durch seine Überempfindlichkeit gegenüber den Reizen der Umgebung und eigenen Bedürfniszuständen ist es oft am Rande der Panik oder in Panik und kann sich nur durch Verlagerung seiner Befriedigungen auf solche Formen helfen, die kein Warten erfordern, die es selbst bewerkstelligen und auch beliebig ausdehnen kann. Auf die Beachtung der umgebenden Personen, auf deren Betreuung es de facto trotzdem angewiesen bleibt, auf das Erfassen ihrer Wünsche und auf die Identifizierung mit ihnen kann sich ein solches Kind nicht einlassen. Wegen der Ungeduld, der geringen Frustrationstoleranz des Kindes, der extremen Ambivalenz des Kindes gegenüber den Personen seiner Umgebung, die vehement gehaßt werden, wenn sie nicht auf der Stelle tun, was das Kind will, sind Interaktionen und Kommunikationen der Betreuer mit dem Kinde besonders schwierig. Eltern beklagen an einem solchen Kinde früh schon, daß es nicht lächelt, zumindest nicht so, wie man es erwarten würde, daß es sich bei den einfachsten Pflegebehandlungen der Eltern oft spreizt und widersetzt oder aber diese apathisch über sich ergehen läßt.

Kommunikationstherapeuten implizieren offenbar, daß es trotzdem die Aufgabe der Eltern sei, auch mit solchen Kindern Kommunikation so zu pflegen, wie dies andere Eltern tun oder sogar die betroffenen Eltern selbst mit ihren unauffälligen Kindern zuwege bringen. Dieser latente Schuldspruch gegen die Eltern, aber auch der starke Akzent auf Belehrung und Übung von konsistentem Sprechen und Handeln unter den Auflagen und sogar mit dem theoretischen Vokabular der Kommunikationstherapeuten distanzieren, wie bereits angedeutet (S. 10 f.), die Kommunikationstherapeuten von der klassischen Psychotherapie.

Wie auch immer die Entstehung von Psychosen aufzufassen sei, gemeinsam waren den mit der Behandlung befaßten Psychotherapeuten die Bestrebungen, für den Erkrankten einen möglichst natürlichen Betreuer und Beistand zu finden, und zwar am besten aus der Familie des Betroffenen. Dabei ergaben sich allerdings für die Psychotherapeuten eine Reihe von Überraschungen. Es stellte sich heraus, daß Veränderungen im Kranken auch Veränderungen unter den übrigen Familienmitgliedern nach sich zogen. Mit der Milderung der Pathologie des „identifizierten Patienten" stiegen die psychischen Schwierigkeiten eines anderen, manchmal sogar aller übrigen Familienmitglieder. Es sah aus, als ob der Kranke eine bedeutsame Funktion in der Familie erfüllte. Er war einem der Familienmitglieder in seiner Abhängigkeit willkommen, einem anderen wegen des Übermaßes an Fürsorge und Rücksichtnahme, das er erfuhr, oder wegen seiner Fähigkeit, die Familie arbiträr immer wieder in Unruhe zu versetzen, verhaßt. Der Konflikt, in dem sich zwei Familienmitglieder wegen ihrer unterschiedlichen Auffassungen über das kranke Familienmitglied befanden, erwies sich jedoch mitunter als ein Konflikt zwischen den beiden Familienmitgliedern per se. Der Kranke stellte nur einen sekundären Vorwand dar (Bateson et al. 1956, Ackerman 1958, Bowen 1959; auch Auerbach 1959, Jackson 1960, Bell und Vogel 1960).

Familien mit psychotischen Patienten schienen sich aber auch als Ganzes von Familien ohne solche Patienten zu unterscheiden. In den Familien mit einem psychotischen Mitglied waren auch andere Familienmitglieder erhöht anlehnungsbedürftig und emotional voneinander abhängig. Mindestens eine zweite Person der Familie hatte Schwierigkeiten, sich in der Familie zu differenzieren und unabhängig von den übrigen zu machen. Nicht selten war diese zweite infantile Persönlichkeit sogar ein Elternteil. Darüber hinaus befanden sich die Eltern selbst in gewissen Belangen im Konflikt miteinander, der nicht angesprochen wurde. Sie hatten Erwartungen an die Kinder und an den Ehepartner, die in ihren ursprünglichen Familien entwickelt worden und die mitunter schon dort nicht ganz realistisch gewesen waren. Sogar unerfüllte sexuelle Wünsche an den Ehepartner blieben den Kindern nicht verborgen. Manche Vorstellungen der Eltern der Eltern über das, was aus ihnen, den Eltern, hätte werden sollen, übertrugen oder projizierten die Eltern auf ihre eigenen Kinder. Diese wußten nicht recht, wie ihnen geschah, insbesondere wenn solche Erwartungen und Vorstellungen der Eltern auch untereinander im Widerstreit waren. Manche Eltern hatten sich von ihren eigenen Eltern noch nicht gelöst, und wenn der zweite Elternteil dies nicht durch besondere Unabhängigkeit von seiner oder beiden Herkunftsfamilien kompensierte, dann waren mitunter die Eltern der Mutter und die des Vaters in den Kampf um das Wohlergehen in der Familie und das Heil der Kinder verstrickt (Ruesch und Bateson 1951, Ackerman 1958, Bowen 1959; auch Faibairn 1952, Winnicott 1965, Guntrip 1969).

Diese komplizierten Beziehungen waren nicht nur in der Psychotherapie von psychotischen Patienten und ihren Familienangehörigen zu beobachten. Man entdeckte sie auch in Familientherapien von Familien, in denen zwar das Familienleben nicht richtig funktionierte, aber kein einziges Mitglied als psychopathologisch gestört bezeichnet werden konnte. Das veranlaßte Familientherapeuten, die Familie als ein System von Beziehungen zu sehen, in dem nichts geändert werden kann, ohne daß sich anderes ebenfalls ändert. Auch der Widerstand der Familie gegen solche Änderungen wurde als eine Systemeigenschaft erkannt. Das bestehende Gefüge von Beziehungen soll erhalten werden. Wenn es sich ändert, soll immerhin das System als Ganzes bewahrt bleiben. Die Familie darf nicht auseinanderfallen. Wenn ein Familienmitglied ausscheidet, müssen andere Mitglieder seine Funktion übernehmen. Wenn eine neue Person hinzukommt, entweder zum ersten Mal oder nach längerer Abwesenheit zurückkehrend, betrifft es in der Regel die Mehrzahl oder alle Familienmitglieder. Ihre Aufgaben und Rollen werden zum Teil andere und müssen untereinander neu abgestimmt werden. Wenn sich ein Familienmitglied auswärts befreundet oder verliebt, betrifft dies alle und bewirkt einen Kampf gegen die Ablösung dieses Familienmitgliedes bzw. gegen die Aufnahme eines „Fremden" in den Familienverband. Familienmitglieder müssen ihre bedeutsameren extrafamiliären Beziehungen mitunter lange vor den Familienmitgliedern verheimlichen, um sie nicht schon in der Entstehung zu gefährden.

Bei der Erfassung dieser Systemeigenschaften holten sich Familientherapeuten bei sogenannten Systemtheoretikern Rat. Was Parsons makro- und familiensoziologisch darzulegen versuchte (Parsons 1951, Parsons und Bales 1955), bemühte sich Grinker (1956) mit seinem Autorenteam auf menschliches Verhalten im allgemeinen, Toman (1959 a, b, 1961) auf die Vielfalt verschiedener Familienkontexte und Gray, Duhl und Rizzo (1969) auf psychopathologische Phänomene anzuwenden (siehe auch von Bertalanffy 1968). Konkreter im psychotherapeutischen Sinne befaßten sich Bateson et al. (1956), Midelfort (1957), Ackerman (1958), Bowen (1959, 1960, 1965, 1978), Wynne et al. (1960), Lidz et al. (1965) mit den Systemeigenschaften von Familien, insbesondere von solchen, welche mindestens ein psychisch schwer gestörtes Familienmitglied hatten. Sie bezogen auch die Wirkungen ein, welche das Hinzutreten eines Familientherapeuten auslöste.

Dabei waren sie sich über die Notwendigkeit klassischen psychotherapeutischen Verhaltens mehr oder weniger einig. Nur durch die auch in der Einzel- und Gruppentherapie übliche Zurückhaltung des Psychotherapeuten, durch seine prinzipielle Abstinenz, durch die Abstandnahme von Freundschaften mit einzelnen Familienmitgliedern oder der Familie als Ganzes und durch die Beschränkung der Kontakte mit der Familie auf die Behandlungsstunden konnte er psychotherapeutisch wirksam werden. Auch über sich selbst berichtete der Familientherapeut nichts, obwohl er vor Äußerungen über ein „besseres" oder „richtiges" Familienleben nicht zurückscheute. In dieser Hinsicht wurde er beschränkt als Lehrer und Vorbild tätig. Er belehrte und unterstützte die Familie bei deren Versuchen, die Wünsche und Interessen der einzelnen Familienmitglieder besser zu erkennen, Konflikte anzusprechen und bessere Konfliktlösungen als bisher zu suchen. Er plauderte jedoch nichts Inhaltliches über sein eigenes Familienleben aus und führte dieses erst recht nicht vor.

Im übrigen kommen die realen Persönlichkeiten der Psychotherapeuten in der Familientherapie stärker zur Geltung als in der Einzeltherapie. Wegen der komplexen und häufig affektiv stark geladenen Vorgänge in der konkreten Behandlungssituation exponiert sich der Familientherapeut unwillkürlich vielfältiger und für verschiedene Familienmitglieder mehrdeutiger als der Psychotherapeut in der Einzeltherapie. Ob er laut oder leise auftritt, ob er andere unterbricht oder auf Gelegenheiten zur Intervention wartet, ob er mehr oder weniger redet, sobald er das Wort ergreift, ob er anbiedernd oder verhalten, sprunghaft, beständig oder zögernd in seinen Kommentaren, Fragen und Deutungen der Motive, Interessen und auftretenden Konflikte der Familienmitglieder wirksam wird, ist nicht von vornherein festgelegt. Der Familientherapeut bringt vielmehr wahrnehmbarer als der Einzeltherapeut seine Idiosynkrasien mit ein. Anders gesagt: Er wird durch das Geschehen in der Familientherapie in höherem Maße gefordert als in der Einzeltherapie, muß gewissermaßen alles einsetzen, was er hat, und froh sein, wenn er zumindest grundsätzlich die Regeln des klassischen psychotherapeutischen Verhaltens zu befolgen vermag.

Er muß sich in der Familie durchsetzen können. Er muß im Prinzip für jedes einzelne Familienmitglied an jeder Stelle ein Stück Kontrolle und Interventionsmöglichkeit bewahren. Ob er es will oder nicht, er ist mehr als in der Einzeltherapie der Regisseur des Geschehens. Er erteilt und verbietet mitunter das Wort, er unterbricht, wenn es nötig ist. Er beharrt auf manchen Kommentaren und Deutungen oder erklärt ausdrücklich, von anderen wieder abgekommen zu sein. Er sagt seine Meinung über das, was in der Behandlungssituation geschieht oder geschehen ist, wählt Zeitpunkte für Wiederholungen von Deutungen und für Zusammenfassungen etc.

Um so wichtiger ist es daher, daß er durch keine eigenen persönlichen und Familienprobleme belastet ist. Er darf die Vorgänge des Gesprächs und die Interaktionen der Familienmitglieder durch seine eigenen Übertragungen und Projektionen auf die in Behandlung befindliche Familie nicht verzerren. Bedürfnisse wie ein großer Therapeut, ein charmanter Mensch, ein besserer Vater oder eine bessere Mutter als die Eltern in der behandelten Familie zu sein, eigene Bedürfnisse nach zärtlichen oder intimen Kontakten mit Mitgliedern der behandelten Familie sind verboten. Er muß ein sachlicher, ein wohlwollend-neutraler Beobachter bleiben. Er muß auch erkennen, was unter der Oberfläche vorgeht und was sich für die unmittelbare und weitere Zukunft in der Behandlung abzeichnet. Dadurch kann er den Familienmitgliedern den Eindruck von (seiner) Ruhe und Sicherheit vermitteln, den sie brauchen, um sich in das Gespräch miteinander im Beisein des fremden Therapeuten überhaupt einzulassen. Er muß im Prinzip auch jederzeit begründen können, was er sagt und was er tut, selbst wenn er kaum oder nie darauf angesprochen wird.

Die Regelung der Zusammenkünfte zur Familientherapie kennt viele Varianten. Diese reichen von der Einladung aller Familienmitglieder zu Beginn der Behandlung bis zum Initialkontakt mit einem einzelnen Familienmitglied, der allmählich andere Familienmitglieder einbezieht. Auf der Präsenz aller Familienmitglieder oder aller jener, die bereit waren zu kommen, kann strikt, locker oder gar nicht bestanden werden. Familientherapie kann sich auch mit einem Teil der Familienmitglieder, ja gelegentlich sogar mit einem einzigen Familienmitglied begnügen. Sie kann aber auch Mitglieder der erweiterten Familie, etwa Großeltern (d. h. Eltern der Eltern), einen Onkel, eine Familienfreundin, ja mitunter sogar den Haushund oder eine Nachbarsfamilie einbeziehen.

Manche Familientherapeuten beschränken sich nach einer Weile auf Gespräche mit den Eltern. Die Kinder dürfen, insbesondere wenn es um ganz persönliche Probleme der Eltern geht, zu Hause bleiben. Andere Familientherapeuten lassen das nicht zu und begründen es damit, daß die Eltern ihre persönlichen Probleme ohnedies nicht vor den Kindern verbergen können. Warum sollten die Kinder dann in der Behandlungsstunde ausgeschlossen werden? Mitunter konzentriert sich eine Familientherapie auch auf die Beziehung eines Elternteils mit einem der Kinder und läßt die übrigen Familienmitglieder aus. Das bedeutet allerdings keineswegs, daß diese in den Gesprächen der präsenten Familienmitglieder sowie in den Auseinandersetzungen der Familienmitglieder zwischen den Behandlungsstunden keine Rolle spielen. Sie sind lediglich von der „Präsenzpflicht" befreit.

Manche Familientherapeuten behandeln sogar mehrere Familien oder zumindest mehrere Elternpaare gleichzeitig. Man könnte dieses Arrangement auch eine Gruppentherapie von Elternpaaren nennen (z. B. Framo 1973, Laqueur 1973). Dabei gestatten allerdings manche Familientherapeuten keine Interaktionen der verschiedenen Elternpaare untereinander (z. B. Bowen 1971). Die nicht am Gespräch beteiligten Paare sehen und hören dem Paar, das sich gerade im Gespräch mit dem Familientherapeuten befindet, zu, und zwar so lange, bis sich dieser von dem anderen Paar ab und ihnen zuwendet.

Manche Familientherapeuten ziehen vor, selbst zu zweit tätig zu sein. In der Regel arbeiten dann ein männlicher und ein weiblicher Therapeut zusammen. Wenn ein solches Familientherapeutenteam gut aufeinander eingespielt ist, erleichtert dies nicht nur die Beobachtung der Familie – zwei sehen und hören mehr als einer, und während einer redet, kann der andere sich unauffälliger als der Redende umsehen –, sondern auch die Beziehungen der Familienmitglieder zu den Therapeuten. Die Familie bekommt sozusagen eine Vater- und eine Mutterfigur angeboten und kann ihre Übertragungen und Projektionen spezifischer plazieren als im Falle eines einzigen Familientherapeuten. Das gilt selbst dann, wenn es sich beim Therapeutenteam um zwei Männer oder um zwei Frauen handelt. – Der Aufwand ist allerdings größer. Wenn jeder der Familientherapeuten allein arbeitete, könnten die beiden in der gleichen Zeit doppelt so viele Familien behandeln.

Als Referenz für diese Varianten sind hier zusätzlich zu den schon erwähnten Familientherapeuten Friedmann (1965), Virginia Satir (1967), Richter (1970), Pakesch (1973), Minuchin (1974), Stierlin (1975), Meistermann-Seeger (1976), Gerlicher et al. (1977) zu nennen. Boszormenyi-Nagy und Framo (1965), Glick und Haley (1971), Bloch (1973), Richter, Strotzka und Willi (1976) und Toman (1977) geben Überblicke.

3. DIE FAMILIE

Um das Familienleben der einzelnen Familie und eventuelle Störungen dieses Familienlebens zu verstehen, müssen wir uns einen kurzen Überblick darüber verschaffen, wie sich das Familienleben in der Regel und im Durchschnitt entwickelt bzw. in früheren Generationen entwickelt hat. Die früheren Generationen oder zumindest die unserer Generation vorangegangene Generation ist deswegen von Bedeutung, weil in ihr unsere Eltern aufgewachsen sind. Deren Vorstellungen über das Familienleben sind aus dem Erleben und der Erfahrung in ihren Herkunftsfamilien entstanden und haben bei der Gründung ihrer eigenen Familien und der Gestaltung des Zusammenlebens miteinander und mit ihren Kindern entscheidend mitgewirkt. Selbst wenn junge Eltern das Gegenteil von dem tun wollen, was sie ihre eigenen Eltern tun sahen, hat das Familienleben der vorangegangenen Generation einen Einfluß auf das Familienleben, das sie selbst begründen und gestalten. Ob es überhaupt möglich ist, in wesentlichen Belangen und auf Dauer das Gegenteil von dem zu tun, was man selbst erlebt und erfahren hat, wird uns noch befassen (S. 50, 57, 91).

Die durchschnittliche Familie der Gegenwart hat trotz vielfältiger Bemühungen von Erziehern, Politikern, Wissenschaftlern und Massenmedien um Änderungen, um Erleichterungen für die Beteiligten, insbesondere für die Frauen, und um die gleichmäßigere Verteilung der Lasten des Familienlebens erhebliche Ähnlichkeiten mit den Familien der letzten fünfzig bis sechzig Jahre. Dies gilt zumindest für die Industrienationen und die städtische sowie die kleinstädtische Bevölkerung. In letzter Zeit treten sogar in den Dörfern häufiger als früher ähnliche Familienverhältnisse wie in den Städten auf. Die Großfamilie, in welcher Großeltern, Eltern und Kinder und auch noch die

Geschwister der Eltern und deren Kinder zusammen oder zumindest in enger Nachbarschaft miteinander leben, ist auch auf dem Lande im Verschwinden. Die Notwendigkeit der Arbeit in den Städten ist für die Männer solcher potentieller Großfamilien gestiegen, die Mobilität erhöht, die Kinderzahl pro Elternpaar gesunken. Auch auf dem Lande leben in zunehmendem Maße die Eltern mit relativ wenigen Kindern zusammen. Von ihren Verwandten sind sie geographisch und auch in den Kontaktgepflogenheiten abgesetzt. Die Großeltern und deren Geschwister, also die Onkel und Tanten der Eltern, sind kaum mehr verfügbar. Kontakte mit ihnen erfordern häufig ausdrückliche Einladungen und Reisen.

3.1. Einige statistische Daten

Die durchschnittliche Familie hat etwa zwei bis drei Kinder, in den Großstädten öfter nur ein bis zwei Kinder. Der Vater ist zum Zeitpunkt der Eheschließung häufig zwischen 25 und 28 Jahren alt (der Mittelwert ist etwa 27 Jahre), die Mutter zwischen 22 und 25 Jahren (der Mittelwert ist etwa 24 Jahre). Die Frau ist im Durchschnitt drei Jahre jünger als der Mann. Zu verschiedenen historischen Epochen und in verschiedenen sozialen Schichten waren und sind die Altersmittelwerte etwas nach oben oder unten verschoben, aber der mittlere Altersabstand zwischen Mann und Frau war und ist auch dann ungefähr drei Jahre. Nur in etwa 10 % der Ehen mit Kindern ist der Ehemann 10 oder mehr Jahre älter als die Ehefrau. Nur in etwa 15 % der Ehen mit Kindern ist die Ehefrau ein oder mehr Jahre älter als der Ehemann.

In vielen Fällen wird das erste Kind nach ein bis zwei Jahren Ehe, das zweite Kind im Mittel drei bis vier Jahre später geboren. Bei drei und mehr Kindern sind die Altersabstände zwischen den Kindern oft geringer. Neun von zehn Familien bleiben bis zur Adoleszenz der Kinder bzw. des mittleren Kindes, etwa bis zu dessen 15. oder 16. Lebensjahr, nach ihrer Personenzusammensetzung intakt. Beide Eltern sind physisch präsent. Eine von 10 Familien hat allerdings bis dahin (also bis zur Adoleszenz der Kinder) einen Elternverlust und/oder einen Geschwisterverlust erlitten, eine von etwa 20 Familien einen Elternverlust sogar in der frühen Kindheit der Kinder (innerhalb der ersten sechs Lebensjahre eines der Kinder). Hierzu zählen auch Familien, in denen ein Elternteil, in der überwiegenden Mehrzahl der Vater (genauer gesagt: der Vater fünfmal häufiger als die Mutter), nie in der Familie lebte.

In den meisten Familien ist der Vater berufstätig, die Mutter mit dem Haushalt und der Betreuung der Kinder beschäftigt, auch wenn sie vor Beginn ihrer Mutterschaft in der Regel berufstätig war. Manche Mütter behalten auch während ihrer Mutterschaft eine zumindest teilzeitliche Berufstätigkeit bei. Sie haben dann für die Kinder entweder eine regelmäßige Teilbetreuerin oder die Hilfe einer Institution (einer Tageskrippe, eines Kindergartens, später der Schule). Nur in sehr wenigen Familien ist die Mutter voll berufstätig und der Vater als 'Hausmann' mit dem Haushalt und der Betreuung der Kinder beschäftigt.

Die Ankunft von (weiteren) Kindern macht nicht selten einen Wohnsitzwechsel des elterlichen Paares erforderlich. Im Durchschnitt nehmen Familien einen bis zwei solcher Wohnsitzwechsel vor.

In drei von vier Familien hat ein Kind im Laufe seiner Kindheit und frühen Jugend etwa drei Krankheiten zu erleiden gehabt, in einer von vier Familien auch vier und mehr Krankheiten. Eine von diesen Krankheiten oder ein erlittener Unfall erfordern bei der Hälfte aller Familien einen Krankenhausaufenthalt, der in der überwiegenden Mehrzahl der Fälle weniger als vier Wochen dauert (zitiert nach Toman 1974, Toman und Preiser 1973).

3.2. *Zur Familiengründung*

Der Entschluß eines Paares, beisammenzubleiben und einen gemeinsamen Hausstand zu gründen, wird von der Mehrzahl der Menschen auch heute noch nur einmal getroffen. Ehescheidungen haben allerdings in den letzten Jahrzehnten laufend zugenommen, und damit ist auch die Zahl der Menschen, die zum zweiten Mal eine Ehe eingehen, gestiegen. Außerdem ist das nichtlegalisierte Zusammenleben von Paaren heute weiter verbreitet und hält bis zur Eheschließung, sofern diese stattfindet, länger als früher an. Nicht selten trennen sich indessen solche Paare und gehen neue Partnerschaften ein.

Selbst wenn ein Liebespaar zum ersten Mal einen gemeinsamen Hausstand gründen möchte, darf man allerdings annehmen, daß das Ereignis, psychologisch betrachtet, für die Betroffenen nicht so einmalig ist, wie es rechtlich den Anschein hat. In der Regel haben beide Partner auch andere Kandidaten für eine Dauerlebensgemeinschaft und Ehe kennengelernt und erwogen. Sie haben auch das Zusammensein und das Zusammenleben mit solchen Vorgängern des Ehepartners in kleinen Dosen schon erprobt, etwa auf gemeinsamen Unterhaltungen für die Dauer eines Abends, für das Wochenende, für einen Urlaub. Die Erfahrungen, die man dabei konkret macht, variieren bei verschiedenen Personen und Paaren weit, aber in allen Fällen gilt, daß sich die Betreffenden das, was sie nicht konkret erleben konnten, immerhin in der Phantasie auszumalen versuchten.

Außerdem kennen solche angehenden Ehepaare fast immer andere Paare unter ihren Freunden und Bekannten, die schon geheiratet und vielleicht sogar schon Kinder bekommen haben, und andere, die immerhin die Absicht hegen, das zu tun. Auch nach den Beobachtungen an solchen altersnahen Paaren und nach deren Vorbildern können Möglichkeiten und Wünsche eigener Partnerbeziehungen in der Phantasie vorgestellt und gestaltet werden.

Schließlich kennen angehende Ehepaare das Familienleben ihrer Herkunftsfamilie. Was Liebe und Ehe ist, das wissen sie unter anderem von ihren Eltern. Sie nahmen an deren Eheleben sogar schon teil, als sie noch gar nicht erfassen konnten, worum es dabei geht. Alle Tiefenpsychologen (z. B. Freud, Jung, Adler, Sullivan, Schultz-Hencke) vermuten, daß die elementarsten und nachhaltigsten Lebenserfahrungen mit den eigenen Eltern und Geschwistern gemacht werden. Das Vorbild der Eltern und ihrer Beziehungen zueinander sowie die Möglichkeiten, mit eigenen Geschwistern von Kindheit an mehr oder weniger ähnliche Beziehungen wie die Eltern zu pflegen, wirkt als Erfahrungsgut bei den eigenen Freundschaftswahlen im Kindergarten, in der Schule, im Beruf und letzten Endes bei der Auswahl eigener Liebes- und Lebenspartner mit.

Wenn man alle diese Varianten an einschlägiger Erfahrung der Partner mitberücksichtigt, dann ist auch bei jenen Paaren, die ihren Entschluß zum Zusammenleben nur einmal fassen, eine Menge von Präzedenz gegeben (Toman 1961, 1965, 1968, 1978 b).

3.3. Familienkonstellationen

Die Erfahrung in der ursprünglichen Familie ist nach einer relativ kleinen Zahl von dauerhaften und objektiven Merkmalen differenzierbar. Zu ihnen zählen geographische, ethnische, religiöse und ökonomische Gegebenheiten. Ob eine Familie auf dem Lande oder in der Stadt, im Gebirge oder am Meer aufwächst, ob sie der Majorität der Bevölkerung oder einer Minorität angehört, ob sie die Sprache des Landes oder eine andere Sprache spricht, ob sie sich in der äußeren Erscheinung ihrer Mitglieder, in der Größe, im Körperbau, in der Haut- und Haarfarbe, in der Kleidung stark, wenig oder gar nicht von der Majorität der Bevölkerung oder von anderen Minoritäten unterscheidet, ob sie religiös ist und welcher Religionsgemeinschaft sie angehört, all dies sind solche dauerhaften und objektiven Merkmale, die häufig auch psychologische Bedeutungen für die Betroffenen haben. Zu den ökonomischen Gegebenheiten zählen das Vermögen und das Einkommen der Eltern, aber in der Folge unterschiedlicher ökonomischer Verhältnisse einer Familie eine Fülle von anderen interindividuellen Unterschieden, wie etwa der Wohnverhältnisse, der Wohnumgebung, der Kontaktmöglichkeiten mit anderen Familien, des Unterrichts und der Bildung, der kulturellen, sportlichen und Reisemöglichkeiten etc.

Moderne Demokratien versuchen, solche Unterschiede zumindest für die Kinder der Familien auszugleichen. Alle sollen ähnliche oder gleiche Gelegenheiten zur persönlichen Entwicklung haben. Wenn sich im Laufe dieser Entwicklung bei anfänglicher Chancengleichheit Unterschiede ergeben und diese sich zunehmend vergrößern, geht das eben auf unterschiedliche angeborene Begabungen der Betreffenden und/oder auf ihre unterschiedlichen Einsatzbereitschaften und Motivationen zurück. So denkt man de facto in den meisten westlichen Demokratien, und auch die Ostdemokratien praktizieren in der Regel vergleichbare Ansichten.

Selbst wenn jedoch alle diese dauerhaften objektiven Merkmale für eine Gruppe von Familien ähnlich ausgeprägt sind, können sich die Familien untereinander noch erheblich und in psychologisch bedeutsamer Weise voneinander unterscheiden. Familien haben viele oder wenige Kinder, die Kinder größere oder geringere Altersabstände voneinander. Sie können Jungen, Mädchen oder beides sein, und der Altersabstand von den Eltern größer oder geringer. Die Eltern selbst stammen aus großen oder aus kleinen Familien. Anders gesagt: die Zusammensetzung der Personen variiert in den Familien, und zwar mindestens nach Anzahl, Geschlecht und Altersverteilung.

Wenn beide Eltern in der Familie vorhanden sind und insgesamt durchschnittliche Verhältnisse vorliegen, ergeben sich (nach Toman 1961, 1965) allein aus der besonderen Konfiguration von Kindern und der Geschwisterposition des einzelnen Kindes unterschiedliche psychologische Folgen.

Wenn eine Familie nur zwei Kinder hat, können diese zwei Jungen, zwei Mädchen, ein Junge und ein Mädchen oder ein Mädchen und ein Junge sein. Die Geschwisterpositionen, welche das einzelne Kind in einer Zweikinderfamilie einnehmen kann, sind: älterer Bruder eines Bruders, b (b), jüngerer Bruder eines Bruders, (b) b, älterer Bruder einer Schwester, b (s), jüngerer Bruder einer Schwester, (s) b, ältere Schwester einer Schwester, s (s), jüngere Schwester einer Schwester, (s) s, ältere Schwester eines Bruders, s (b), und jüngere Schwester eines Bruders, (b) s.

Diese acht Geschwisterpositionen sind in allen komplizierteren Geschwisterpositionen enthalten. Ein älterer Bruder einer Schwester und eines Bruders, b (sb), nimmt beispielsweise zwei Geschwisterpositionen in seinem Familienverband ein, nämlich jene des älteren Bruders einer Schwester und jene des älteren Bruders eines Bruders. Die mittlere Schwester von zwei Brüdern, (b) s (b), ist einerseits die jüngere Schwester eines Bruders, andererseits die ältere Schwester eines Bruders.

Die acht beschriebenen Geschwisterpositionen kann man daher die Grund- oder Haupttypen von Geschwisterpositionen nennen. Alle anderen Geschwisterpositionen setzen sich aus ihnen zusammen. Lediglich das *Einzelkind* ist ein Sonderfall. Es hat keine Geschwisterposition. Seine sozialen Beziehungen im Familienverband bleiben auf die Eltern und die Beobachtung der Eltern beschränkt, während Kinder mit Geschwistern auch mit eben diesen Geschwistern Beziehungen haben und ihre Beziehungsformen zu den Eltern sowie die Beziehungsformen der Eltern zueinander auch in ihren Geschwisterbeziehungen erproben und anwenden können.

3.3.1. Grundtypen von Kinderkonfigurationen

In einer Familie mit zwei Jungen ist der ältere im Durchschnitt drei bis vier Jahre lang ein Einzelkind gewesen, ehe er sein Geschwister bekommt. Sodann wächst er nach anfänglichem Protest gegen den Neuankömmling in eine Rolle der Verantwortung und Führung hinein. Er muß seinen kleinen Bruder beschützen. Der jüngere Bruder dagegen kennt das Leben nur in der Gegenwart eines solchen „großen Bruders“ und entwickelt ihm gegenüber Gefühle der Abhängigkeit und des Vertrauens, allmählich aber auch eine Bereitschaft zum Wettbewerb und zur Opposition. Der ältere Bruder versteht die Eltern und später auch die Lehrer in der Schule besser als der jüngere Bruder. Der jüngere Bruder reagiert auf die sozialen Anreize, die von seinem Bruder, von Geschwistern überhaupt, von anderen Kindern und von seinen Mitschülern ausgehen, unmittelbarer und stärker.

In der Familie mit zwei Mädchen ist die ältere ebenfalls im Durchschnitt drei bis vier Jahre älter als die jüngere. Auch sie war ein Einzelkind und hatte ihre Eltern für sich allein, ehe sie diese mit einem hilflosen und anspruchsvollen Neuling fortan teilen muß. Auch sie übernimmt dann gegenüber ihrer kleinen Schwester Verantwortung und Führung. Die jüngere Schwester darf sozusagen machen, was sie will. Die große Schwester muß sie schützen und notfalls retten. Die jüngere bewundert die ältere Schwester, war praktisch nie ohne sie und kann sich daher auch ein Leben ohne sie nicht gut vorstellen. Sie kann aber mit ihr wetteifern und ihr trotzen. Die ältere Schwester ist in der Familie und auch außerhalb dieser stärker mit den Eltern bzw. mit Autoritätspersonen identifiziert, die jüngere eher auch gegenüber solchen Personen in Opposition und im Wettstreit. Die jüngere verhält sich nicht nur gegenüber Geschwistern, sondern auch gegenüber anderen Kindern eher impulsiv und reaktiv als die ältere Schwester.

Für beide Kinderkonfigurationen, zwei Jungen sowohl wie zwei Mädchen, gilt, daß die Kinder durch ihre Geschwistererfahrung an das Zusammenleben mit altersnahen Personen des gleichen Geschlechts gewöhnt werden. Die Erfahrung mit altersnahen Personen des anderen Geschlechts fehlt ihnen zunächst, wenn man davon absieht, daß sie den Eltern zusehen können, wie diese es machen. Selbst praktizieren können sie das, was sie bei den Eltern sehen, kaum. In den Beziehungen zum andersgeschlechtlichen Elternteil herrscht sogar ein erhöhter Konkurrenzkampf. In der Familie mit zwei Jungen bemühen sich drei männliche Personen um die Gunst der Mutter, in der Familie mit zwei Mädchen drei weibliche Personen um die Gunst des Vaters. In beiden Familien können sich beide Kinder primär nur mit demselben Elternteil, nämlich dem gleichgeschlechtlichen, identifizieren.

In einer Familie, die zuerst einen Jungen und dann ein Mädchen hat, lernt der Junge nach einer durchschnittlich drei- bis vierjährigen Zeit als Einzelkind, für sein kleines Geschwister zu sorgen, Verantwortung zu übernehmen, es zu führen und es zu beschützen, auch wenn ihm das zunächst nicht recht einleuchtet und der Neuling nicht sonderlich willkommen ist. Seine kleine Schwester wächst in dem Gefühl auf, sich auf ihren Bruder verlassen zu können, tun zu dürfen, was sie möchte, Aufmerksamkeiten und Hilfen von ihm zu bekommen, aber auch sich in gewissen Belangen unterordnen zu müssen und seinen Schutz, seine Betreuung erwarten zu dürfen. Beide Kinder sind in keiner großen Konkurrenz miteinander. Er ist eben der Junge, so wie der Vater, sie das Mädchen, so wie die Mutter. Beide Kinder können auch miteinander spielen und praktizieren, was sie ihre Eltern miteinander tun sehen. Jedes von ihnen kann sich mit einem verschiedenen Elternteil, dem jeweils gleichgeschlechtlichen nämlich, identifizieren. Jedes kann auch mit dem andersgeschlechtlichen Elternteil interagieren und vorübergehend dabei den gleichgeschlechtlichen Elternteil vertreten.

In einer Familie, die zuerst ein Mädchen und dann einen Jungen hat, lernt das Mädchen, den kleinen Bruder fürsorglich und mütterlich zu behandeln. Nach anfänglichen gelegentlichen Widerständen akzeptiert sie in der Regel diese Rolle, die ihr die Eltern zugedacht haben. Eventueller Neid auf den Jungen wegen des Ausmaßes an elterlicher Betreuung kann ihr leichter als anderen älteren Geschwistern unter dem Hinweis, daß sie ja die Eltern bisher (im Durchschnitt drei bis vier Jahre lang) für sich allein gehabt hat, zerstreut werden. Der Junge dagegen erlebt von der Geburt an, daß die große Schwester für ihn da ist, ihm hilft, ihn beschützt und Dinge für ihn tut, die er selbst nicht tun kann oder auch nicht tun mag. Als dem „ersten Jungen“ in der Familie räumen ihm die Eltern hier etwas mehr Privilegien ein, als andere Typen von jüngeren Geschwistern von ihren Eltern bekommen. Er darf sich zuviel herausnehmen; er wird übermäßig verwöhnt, klagt mitunter seine große Schwester. – Trotzdem stehen auch diese Geschwister in geringerem Wettbewerb miteinander und um die Eltern als Kinder in eingeschlechtlichen Geschwisterkonfigurationen. Jedes der Kinder kann sich mit einem anderen Elternteil (dem jeweils gleichgeschlechtlichen) identifizieren. Jedes Kind kann in der Beziehung zum andersgeschlechtlichen Elternteil temporär und spielerisch auch die Stelle des gleichgeschlechtlichen Elternteils einnehmen. Beide Kinder vermögen schließlich sich in ihrer Beziehung zueinander nach dem Vorbild der Beziehung der Eltern zueinander zu richten und ähnliches zu praktizieren.

Für beide Kinderkonfigurationen, älterer Bruder und jüngere Schwester ebenso wie ältere Schwester und jüngerer Bruder, darf angenommen werden, daß sie durch ihre Geschwistererfahrung an das Zusammenleben mit altersnahen Personen des anderen Geschlechtes gewöhnt sind. Dagegen fehlen ihnen Erfahrungen im Zusammenleben mit altersnahen Personen des gleichen Geschlechtes (siehe auch Toman 1961, 1974, 1976).

3.3.2. Kompliziertere Kinderkonfigurationen

Wenn mehr als zwei Kinder in einer Familie aufwachsen, komplizieren sich die Verhältnisse und Beziehungsmöglichkeiten.

Der ältere Bruder von zwei oder drei Schwestern ist dem älteren Bruder von nur einer Schwester in seinen sozialen Erwartungen und Präferenzen ähnlich – für jede seiner Schwestern ist er der ältere Bruder –, die zwei oder drei Schwestern dagegen befinden sich untereinander in einem gewissen Konkurrenzkampf. Sie müssen auch ihre Beziehungen von Schwester zu Schwester regeln. Sie haben zum Unterschied von ihrem Bruder auch dem Typus nach mehr als eine Geschwisterbeziehung.

Wenn ein älterer Bruder vier oder noch mehr jüngere Schwestern und keine Brüder hat, dann darf man zusätzliche Komplikationen erwarten. Die Beziehungen der Schwestern untereinander überwiegen hier erheblich an Zahl und an subjektiver Bedeutung die Beziehung zum Bruder. Die Konkurrenz um dessen Aufmerksamkeit und Anteilnahme ist so groß, daß entweder zu wenig für jede einzelne übrigbleibt und der Bruder eher abgesondert und ausgespart wird, oder eine bzw. zwei der Schwestern entwickeln eine intensivere Beziehung zu ihm, während sich die restlichen Schwestern eher untereinander zusammenschließen. Es entstehen zwei Untergruppen.

Analoges gilt für den jüngsten Bruder von mehreren Schwestern ebenso wie für die älteste oder die jüngste Schwester von mehreren Brüdern. Sie alle werden durch zwei bis höchstens drei Geschwister vom anderen Geschlecht in ihrer eigenen Geschwisterrolle bestärkt, während sich der Konkurrenzkampf unter diesen andersgeschlechtlichen Geschwistern mit ihrer Zahl vergrößert. Oft schon ab drei andersgeschlechtlichen Geschwistern, regelmäßig bei vier und mehr andersgeschlechtlichen Geschwistern bilden sich Untergruppen unter den Geschwistern aus.

Mittlere Geschwister haben immer zwei oder mehr verschiedene Typen von Geschwisterbeziehungen. Der mittlere Bruder von zwei Schwestern ist sowohl der jüngere wie auch der ältere Bruder einer Schwester. Nicht selten kann er beide Rollen ähnlich gut einnehmen. Durch besondere Umstände wie stark unterschiedliche Altersabstände von den Geschwistern oder durch elterliche Präferenzen ist die Bevorzugung einer der beiden Rollen möglich. Wenn er mehrere ältere und mehrere jüngere Schwestern hat, bilden sich Untergruppen. Er wird etwa der jüngere Bruder der älteren Schwestern, oder aber der ältere Bruder der jüngeren Schwestern. Wenn die Schwestern stark an Zahl überwiegen, kann durch die elterliche Bevorzugung des seltenen Geschlechts unter ihren Kindern auch eine Sonderstellung oder eine Art von Isolierung für ihn entstehen.

Analoges gilt für eine mittlere Schwester von lauter Brüdern. Auch sie wird unwillkürlich höher geschätzt, und alle bemühen sich mehr um sie als um die übrigen Kinder. Das nur einmal oder jedenfalls seltener unter den Kindern vertretene Geschlecht wird für die Familie bedeutsamer, die betroffenen Kinder werden höher eingeschätzt als die übrigen.

Ein mittleres Geschwister, das sowohl eine ältere als auch jüngere Schwester wie auch einen älteren und jüngeren Bruder hat, nimmt alle vier Typen von Geschwisterrollen ein. Damit hat es zugleich die am wenigsten ausgeprägte Position unter seinen Geschwistern. Eines der Kinder ist das älteste Mädchen, ein anderes das jüngste Mädchen, eines der älteste Junge, ein anderes der jüngste Junge. Das mittlere Geschwister ist nichts von alledem. Es erlebt sich als weniger bedeutungsvoll als alle anderen Geschwister und weiß oft nicht recht, in welche Richtung es streben soll. Mehr als die übrigen Kinder trachtet es, auch außerhalb der Familie und der Familienerwartungen einen Platz und eine eigene Rolle zu finden.

In großen Kinderkonfigurationen sind mittlere Geschwister logischerweise häufiger als in kleinen Kinderkonfigurationen. Für alle gilt, daß sie in weniger ausgeprägten Positionen oder Geschwisterrollen aufwachsen als die endständigen Geschwister, also die ältesten und die jüngsten. Ausnahmen können sich allerdings durch die Bildung von Untergruppen unter den Geschwistern ergeben. Ein mittleres Geschwister kann mitunter das älteste oder das jüngste einer Untergruppe werden. Dann hat es eine ausgeprägtere Position und nimmt auch die Charakteristika dieser Position zumindest teilweise an.

Mit einer Häufigkeit von etwa 1 % kommen Kinder als Zwillinge zur Welt. Für diese gilt, daß sie sich zueinander trotz des Altersabstandes von Null Jahren doch auch ähnlich wie Geschwister verhalten. Einer nimmt eher die Rolle des Älteren, der andere jene des Jüngeren an. – In einer größeren Geschwisterkonfiguration, in der sonst keine Zwillinge mehr sind, kommt jedem der beiden Zwillingskinder außerdem noch jene Position zu, die ein einzelnes Kind an ihrer Stelle eingenommen hätte. Bei einem Zwillingspaar, dem mehrere einzelne Geschwister folgen, nehmen beide Zwillingskinder Charakteristika eines ältesten Geschwisters an, bei einem solchen, das als letztes in einer Kinderreihe geboren wird, beide die Züge von jüngsten Geschwistern etc.

Ungewöhnlich kleine Altersabstände binden Geschwister stärker als sonst aneinander, ungewöhnlich große Altersabstände (sechs und mehr Jahre) lassen zwei Geschwister zum Teil ähnlich wie Einzelkinder aufwachsen. Unter mehreren Kindern bewirkt ein großer neben mehreren kleinen oder durchschnittlichen Altersabständen, daß die Geschwister sich eher an dieser als an anderen Stellen in zwei Untergruppen teilen.

Ungewöhnliche körperliche oder geistige Merkmale eines Kindes können modulierend auf die Position dieses Kindes in der Geschwisterkonfiguration und damit auch auf die Geschwisterkonfiguration als Ganzes wirken. Durch besondere Körperkraft oder durch erhöhte Intelligenz im Vergleich mit anderen Geschwistern kann eines der Kinder, etwa ein mittleres oder ein jüngeres Geschwister, mit zunehmendem Alter allmählich die Interessen und Aufgaben eines ältesten Geschwisters übernehmen. Es kann sozusagen im Altersrang, der in den ersten Lebensjahren und unter durchschnittlichen Verhältnissen einen automatischen Intelligenz-, Erfahrungs- und Machtvorsprung bedeutet, voranrücken. Umgekehrt kann ein körperlich schwaches, kränkliches oder debiles Geschwister, selbst wenn es einen mehrjährigen Altersvorsprung vor den übrigen Geschwistern hat, früh oder von allem Anfang an in die Position des hilflosen und abhängigen Geschwisters geraten. Es sinkt sozusagen in seinem Altersrang im Laufe der Entwicklung zunehmend ab.

Auch körperliche oder Begabungsähnlichkeiten mit elterlichen oder anderen blutsverwandten Personen können eine ungewöhnliche Förderung oder auch eine Benachteiligung des betreffenden Kindes in der Kinderkonfiguration bewirken. Weil das Kind dem von der Mutter gehaßten Vater der Mutter ähnlich sieht und auch ähnlich handelt, ist die Mutter gegenüber dem Kind unsicher und ambivalent. Weil eine Tochter einer besonders geliebten Schwester oder auch einer ehemaligen geschätzten Freundin des Vaters ähnlich sieht, wird sie von diesem unter Umständen über Gebühr bevorzugt.

3.3.3. Die Beziehungen der Ehepartner zueinander

Ein Ehepaar, das beabsichtigt, auch eigene Kinder zu haben, weiß zunächst noch nicht, wann, in welchen Abständen und in welcher Gesamtzahl sie tatsächlich Kinder haben werden, aber beide Partner treten mit bestimmten Hoffnungen und Erwartungen in das „Abenteuer" ein. Dabei stehen ihnen, wie bereits erwähnt (Seite 31), unter anderem die Erfahrungen in der eigenen Ursprungsfamilie zur Verfügung. Es konnte gezeigt werden (Toman 1961, 1965, insbesondere 3rd ed. 1976 und 2. Aufl. 1974), daß Menschen in der Gestaltung neuer sozialer Dauerbeziehungen sich nach diesen Erfahrungen in der Ursprungsfamilie richten und im allgemeinen relativ glücklicher und erfolgreicher in solchen neuen Dauerbeziehungen sind, je mehr diese ihren Beziehungen in der Ursprungsfamilie gleichen. Ich nannte diesen nicht sehr genauen, aber heuristisch nützlichen All-Satz das „Duplikationstheorem" (Toman 1961, 1965, 1971).

Dies bedeutete für die Ehepartner selbst, daß sie miteinander unter sonst vergleichbaren Umständen um so besser auskommen würden, je ähnlicher ihr Partner einem eigenen Geschwister ist. Ein älterer Bruder einer Schwester würde beispielsweise besonders gut mit der jüngeren Schwester eines älteren Bruders zusammenleben können – b (s) / (b) s; dabei bedeutet der Schrägstrich „Partnerschaft" –, ebenso ein jüngerer Bruder einer Schwester mit der älteren Schwester eines Bruders, also (s) b / s (b). Die Partner beider Paare sind in ihren ursprünglichen Familien an das Zusammenleben mit altersnahen Personen des anderen Geschlechts gewöhnt worden; außerdem haben sie unterschiedliche Altersränge. Ein Partner ist jeweils ein älteres, der andere ein jüngeres Geschwister gewesen. Beide Paare ergänzen einander nach den Geschwisterrollen in den ursprünglichen Familien. Ihre Geschwisterrollen sind zueinander komplementär.

Je ähnlicher dagegen ein Ehepartner einem selbst ist, desto leichter können die beiden sich vielleicht ineinander einfühlen und einander vertreten, aber desto weniger brauchen sie einander, desto schlechter können sie zusammenleben. Der älteste

Bruder eines Bruders und die älteste Schwester einer Schwester, b (b) / s (s), sind beispielsweise einander ähnlich. Beide haben als Älteste gelernt, Führung und Verantwortung zu übernehmen, aber der Partner will sich eben nicht führen und betreuen lassen. Und beide sind in ihrer Geschwisterkonfiguration nicht an das Zusammenleben mit einer altersnahen Person des anderen Geschlechts gewöhnt worden. Man könnte sagen: Sie haben nach ihren Geschwisterrollen sowohl einen Altersrang- als auch einen Geschlechtskonflikt. – Ähnliches würde für den jüngeren Bruder eines Bruders gelten, wenn er mit der jüngeren Schwester einer Schwester ein Paar bildet, also (b) b / (s) s. Beide suchen Führung im anderen und bekommen sie nicht, und auch sie sind nur an das Zusammenleben mit altersnahen Personen des gleichen Geschlechts, nicht dagegen mit solchen des anderen Geschlechts gewöhnt. Sie haben ebenfalls einen Altersrang- und Geschlechtskonflikt ihrer Geschwisterrollen.

Unter Partnern, die aus Geschwisterkonfigurationen von nur zwei Kindern kommen, gibt es auch noch andere Paarungsmöglichkeiten, insgesamt 16. Der ältere Bruder einer Schwester kann eine ältere oder eine jüngere Schwester eines Bruders oder einer Schwester wählen, der jüngere Bruder einer Schwester dito, und das gleiche gilt für den älteren Bruder eines Bruders sowie den jüngeren Bruder eines Bruders. Die oben beschriebenen komplementären Paarungen – b (s) / (b) s und (s) b / s (b) – und die beiden nichtkomplementären oder altersrang- und geschlechtskonflikthaltigen Paarungen – b (b) / s (s) und (b) b / (s) s – sind allerdings die besonders günstigen bzw. die besonders ungünstigen Paarungen.

Daß diese Deutung der Geschwisterrollenkombinationen richtig ist, konnte durch harte Daten belegt werden. Nimmt man an, daß glückliche und erfolgreiche Ehen auch dauerhaft sein müßten, dann wären Ehescheidungen Indikatoren für relativ weniger glückliche und weniger erfolgreiche Partnerbeziehungen.

In einer Stichprobe von 2300 Familien mit Kindern waren 5 % der Eltern geschieden. Das entsprach der Scheidungswahrscheinlichkeit unter Familien mit Kindern in der Gesamtbevölkerung. Unter jenen Elternpaaren, deren Geschwisterrollen komplementär zueinander waren, gab es jedoch keinen einzigen Scheidungsfall. Unter jenen Elternpaaren dagegen, deren Geschwisterrollen nicht komplementär zueinander waren, sondern einen Altersrang- und Geschlechtskonflikt aufwiesen, waren 16 % geschieden (Toman 1974, 1976, Toman und Preiser 1973).

Aus diesen und zahlreichen anderen Befunden (siehe Toman 1974, 1976) konnte bestätigt werden, daß Komplementarität oder partielle Komplementarität der Geschwisterrollen von Ehepartnern unter sonst vergleichbaren Umständen die Kinderfreudigkeit (d. h. konkret u. a. die Anzahl der Kinder, die sie sich zulegen) im Durchschnitt um etwa ein „halbes Kind" gegenüber dem Durchschnitt erhöht und das Zusammenleben miteinander und mit den Kindern erleichtert. Kinder von Eltern mit komplementären Geschwisterrollen frequentieren signifikant seltener und, sofern doch, in der Regel wegen geringfügigerer psychischer Probleme psychologische Beratungsstellen, als nach dem Zufall zu erwarten wäre, insbesondere aber als Eltern, deren Geschwisterrollen zueinander Altersrang- und Geschlechtskonflikte zeigen oder die selbst (beide) Einzelkinder waren. In der genannten Stichprobe von 2300 Familien mit Kindern war übrigens die Scheidungshäufigkeit von Einzelkindern 9 %.

Zwischen den Extremen der Komplementarität der Geschwisterrollen von Ehepartnern – z. B. b (s) / (b) s, aber auch b (ss) / (bbb) s oder (s) b / s (bb) – und des Altersrang- und Geschlechtskonflikts – z. B. (b) b / (s) s, aber auch (bb) b / (ss) s – gibt es Zwischenstufen. Eine wurde bereits genannt: die partielle Komplementarität.

Von partieller Komplementarität spricht man dann, wenn Ehepartner aus größeren Geschwisterkonfigurationen stammen und neben einer Geschwisterbeziehung, die komplementär zumindest einer Geschwisterbeziehung des Partners ist, auch andere, und zwar nichtkomplementäre, Geschwisterbeziehungen haben. Der ältere Bruder eines Bruders und einer Schwester, b (bs), und die mittlere Schwester von zwei Brüdern, (b) s (b), haben je eine einander komplementäre Beziehung: Er ist unter anderem der ältere Bruder einer Schwester, sie die jüngere Schwester eines Bruders. Sie haben aber auch andere Geschwisterbeziehungen, die nicht für ihre Partnerbeziehung passen. Er ist auch der ältere Bruder eines Bruders, sie die ältere Schwester eines Bruders. Es darf allerdings angenommen werden, daß die Partner die passenden Geschwisterbeziehungserfahrungen in ihrer Partnerbeziehung einsetzen und die anderen „stillegen“ bzw. außerhalb ihrer Partnerschaft, etwa in zusätzlichen Freundschaften, verwenden.

Ehepartner können mit ihren Geschwisterrollen aber auch Altersrangkonflikte ohne Geschlechtskonflikte haben – z. B. b (s) / s (b) – oder Geschlechtskonflikte ohne Altersrangkonflikte – z. B. b (b) / (s) s. Wir haben es mit mittleren Graden von Geschwisterrollenkonflikten zu tun.

Wenn einer der Partner keinen Geschwisterrollenkonflikt, der andere einen Geschlechtskonflikt hat – z. B. b (s) / (s) s –, haben wir es mit einem milden Geschwisterrollenkonflikt zu tun. Wir dürfen vermuten, daß der besser auf die Ehe vorbereitete Partner, im Beispiel der Ehemann, durch seine Geschwistererfahrungen dem anderen zeigen kann, wie man mit einer altersnahen Person des anderen Geschlechts zusammenlebt.

Wenn beide Partner einen Altersrangkonflikt und einer von ihnen auch noch einen Geschlechtskonflikt hat, liegt ein bereits erheblicher Geschwisterrollenkonflikt vor. Ein Beispiel wäre etwa der jüngere Bruder eines Bruders und die jüngere Schwester eines Bruders: (b) b / (b) s. Gegenüber einem Altersrang- und Geschlechtskonflikt beider Partner ist die genannte Beziehung allerdings durch die heterosexuelle Geschwistererfahrung der Ehefrau etwas günstiger. Sie weiß, wie man mit einem Bruder zusammenlebt, und kann es ihrem Mann vielleicht unwillkürlich, zumindest ein wenig, vermitteln (siehe Toman 1974, insbesondere S. 191 ff.).

Auch Ehepartner, die miteinander sowohl einen Altersrang- als auch einen Geschlechtskonflikt ihrer Geschwisterrollen haben, sind deswegen nicht zum Scheitern ihrer Ehe verurteilt. Wir sagten, daß 16 % solcher Ehepartner mit Kindern schließlich geschieden wurden. Das heißt aber, daß 84 % solcher Partnertypen beisammenblieben und es offensichtlich miteinander aushielten. Klinisch-psychologische und psychotherapeutische Erfahrung mit solchen Ehepartnern lehrt allerdings, daß sie sich ihre Partnerbeziehung anders einrichten, als dies etwa Paare mit komplementären oder partiell komplementären Geschwisterrollen tun. Partner mit Altersrang- und Geschlechtskonflikten leben weniger eng zusammen, obschon intim genug, um ihre Ehe aufrechtzuerhalten und eigene Kinder haben zu wollen. Sie brauchen aber auch gleichgeschlechtliche Freundschaften, Männer- und Frauenclubs, Sportvereinigungen, Trinkrunden, Wohlfahrts- oder Frauenrechtsgesellschaften etc., und müssen einander mehr Urlaub als andere geben, um die Pflege dieser außerfamiliären Beziehungen zu ermöglichen. Wenn sie diese Beziehungen haben dürfen, geht es ihnen auch in der Ehe besser.

Noch ein Wort über Einzelkinder unter den Ehepartnern. Sie suchen eigentlich elternähnliche Personen und kommen daher mit Ehepartnern, die älteste Geschwister waren, meistens besser aus als mit anderen. Nicht selten bevorzugen sie außerdem überdurchschnittliche Altersunterschiede zu den Partnern. Wenn sie selbst älter als ihre Partner sind, dann kommen sie auch mit mittleren oder jüngsten Geschwistern aus.

Eine relativ ungünstige Prognose hat die Partnerschaft von zwei Einzelkindern. Selbst dann kann aber ihre Verträglichkeit größer oder geringer sein, je nachdem ob die Geschwisterrollen ihrer jeweiligen gleichgeschlechtlichen Elternteile zueinander verträglich gewesen wären oder nicht. Einzelkinder können durch Identifikation mit ihrem gleichgeschlechtlichen Elternteil auch dessen Geschwisterrolle teilweise annehmen (siehe auch S. 59 f.).

3.3.4. Die Beziehungen der Eltern zu den Kindern

Alle Eltern sind vom Leben mit dem neugeborenen ersten Kind mehr oder weniger überrascht. Wenn sie selbst jüngere Geschwister hatten, können sie sich zwar oft an deren Geburten erinnern, aber die Erinnerung ist ungenau, und die eigene Betroffenheit durch den Neuankömmling überwog damals in der Regel die Erfahrungen, die man mit einem solchen Neugeborenen machen konnte. Wenn die Eltern keine jüngeren Geschwister hatten, stehen ihnen solche Erfahrungen nicht zur Verfügung.

Alle angehenden Eltern haben aber von Neugeborenen und dem Leben mit ihnen etwas gehört oder gesehen, in der Verwandtschaft, im Bekanntenkreis, in Büchern und Magazinen, im Fernsehen, in Elternkursen usw., und die überwiegende Mehrzahl von angehenden Eltern hat auch Personen in der Verwandtschaft oder im Bekanntenkreis, die selbst schon Kinder bekommen und aufgezogen haben. Deren Rat und reale Hilfe ist in der Regel willkommen, besonders in den ersten Tagen und Wochen des neugeborenen Kindes, aber bald wissen die jungen Eltern, vor allem die junge Mutter, mehr über ihr Kind und seine Bedürfnisse als alle anderen Menschen in der Umgebung, auch die willkommensten Ratgeber und Helfer.

Die Gewöhnung der Eltern an ihr erstes Kind geht jedenfalls relativ rasch vonstatten, und beim zweiten und allen weiteren Kindern haben Eltern, sofern sie sich überhaupt dazu entschließen können, in der Regel keine großen realen Schwierigkeiten mehr.

Die Beziehungen der Eltern zu ihren Kindern sind nicht so sehr durch diese ersten Lebenswochen ihrer Kinder charakterisiert, als vielmehr durch das, was dauert und bleibt, durch das tägliche und jahrelange Zusammenleben mit ihnen. Man sagt, daß zum Lebensanfang eines Kindes die Weichen gestellt werden. Das dürfte stimmen. Nicht die Zufälligkeiten der ersten Kontakte und Auseinandersetzungen mit dem Kind sind allerdings dabei maßgebend, sondern die Bereitschaften und Haltungen der Eltern zueinander und zum Kind, welche schon vor der Geburt des Kindes bestanden haben und nach der Geburt weiterbestehen. Sie beeinflussen und bestimmen ihrerseits die sogenannten Zufälligkeiten der ersten Kontakte und Auseinandersetzungen mit dem Kind.

Wenn die Ehepartner miteinander glücklich sind, sich ein Kind gewünscht und es schließlich bekommen haben, können sie kaum etwas falsch machen. Wenn die Ehepartner dagegen im Konflikt miteinander sind, wenn einer von ihnen oder beide ein Kind gar nicht wirklich haben wollten, wenn sie es nur aus Konvention, aus Prestige, ihren eigenen Eltern zuliebe wollten oder, um ihre Beziehung zueinander zu retten und den Partner an sich zu ketten, oder gar, um ihn zu bestrafen, dann können sie, wenn sie das Kind bekommen haben, sozusagen *kaum etwas richtig* machen. Auch die aufmerksamste Behandlung des Kindes kann dann dessen Wünsche und Bedürfnisse verfehlen. Die Eltern wissen auch nicht, was sie selbst vom Kind wollen, oder sie wissen es zwar, aber ihre Wünsche sind in sich widersprüchlich.

Für den Dauerumgang mit den Kindern stehen den Eltern in viel höherem Maße als für die ersten Lebenstage und ersten Lebenswochen des Kindes ihre Erfahrungen mit ihrer eigenen Kindheit zur Verfügung. Dazu gehört das, was man selbst erlebt und erfahren hat, das, was die Geschwister einem, und man selbst ihnen, getan hat. Dazu gehört aber auch, was man die Eltern ihren Kindern tun sah. Viele junge Eltern, auch solche, die sich zuletzt gegen ihre Eltern aufgelehnt hatten und ihnen vielleicht sogar „davongelaufen" waren, berichten, wie sie, als sie selbst Kinder hatten, sich auf einmal dabei ertappten, daß sie vieles genau so machten wie ihre eigenen Eltern, ja, daß sie sich in schwierigen und neuen Situationen, in denen sie keine Erinnerungen aus der Vergangenheit mobilisieren konnten, sogar fragten: „Was hätte meine Mutter (oder meine Großmutter oder mein Vater) in dieser Situation wohl getan?" Mit Hilfe solcher Vorstellungen können sie schließlich oft brauchbare Lösungen finden.

3.3.4.1. Eltern-Kindbeziehungen und Geschwisterpositionen der Eltern und der Kinder

Wenn junge Eltern im Umgang mit ihren Kindern Erfahrungen einsetzen, die sie selbst mit ihren Geschwistern machten, haben jene Eltern, die älteste oder mittlere Geschwister waren, zunächst einen Vorteil gegenüber jenen, die jüngste Geschwister waren. Sie haben mit jüngeren Geschwistern, deren Ankunft und deren Betreuung schon zu tun gehabt, Eltern, die selbst jüngste Geschwister waren, dagegen in der Regel nicht. Wenn unter den Eltern kleiner Kinder ein ältestes oder ein mittleres Geschwister ist, tendiert dieser Elternteil auch dazu, im Umgang mit den Kindern den Ton im Vergleich zum anderen Elternteil anzugeben, sofern dieser selbst ein jüngstes Geschwister war.

Wenn beide Eltern älteste Geschwister waren, kann sozusagen zuviel des Guten geschehen. Beide haben Erfahrungen mit jüngeren Geschwistern gemacht, aber beide konkurrieren mitunter auch in ihrem Führungs- und Verantwortungsanspruch gegenüber ihren Kindern. Manchmal teilen sie sich die Kinder auf und üben ihre Einflüsse sozusagen parallel zueinander aus. Wenn einer oder beide Elternteile noch dazu aus eingeschlechtlichen Geschwisterkonfigurationen stammen, rekrutiert sich der Vater häufig die Söhne und die Mutter die Töchter, sofern sie Kinder beiderlei Geschlechts haben. Eine Art Wettstreit der Geschlechter wird diesen Kindern, die es sich nach ihren unmittelbaren Geschwistererfahrungen zwangloser einrichten könnten, von den Eltern induziert.

Wenn beide Eltern jüngste Geschwister waren, fühlen sie sich eigenen Kindern gegenüber oft hilflos. Ihre Tendenz, sich an Personen mit Autorität anzulehnen, äußert sich hier im starken Bedürfnis, daß jemand ihnen zeigen möge, wie man mit den Kindern umgeht, oder daß er es überhaupt für sie, also an ihrer Stelle, tun möge. Ein älteres Geschwister der Eltern oder eine Mutter der Eltern findet sich mitunter bereit dazu. Wenn ihre Kinder größer geworden sind, überraschen sich die Eltern manchmal selbst durch das Ausmaß, in dem sie sogar ihre eigenen Kinder zu Autoritäten und Vertrauenspersonen machen wollen, insbesondere das älteste Kind, sofern sie sich nicht überhaupt mit einem einzigen Kind begnügt haben. Mit dieser Rolle ist das Kind allerdings in der Regel überfordert. Es nimmt vielleicht die Allüren einer solchen „Seniorenrolle“ an, kann diese aber insbesondere außerhalb der Familiensituation in der Regel nicht erfolgreich durchhalten.

Im Zusammenleben mit den Kindern, das in intakten Familien in der überwiegenden Mehrzahl mindestens bis zum 15., häufiger bis zum 18. und 19. Lebensjahr des jüngsten der Kinder und länger dauert, entwickelt jeder Elternteil zu jedem seiner Kinder eine besondere Beziehung, die sich von den Beziehungen zu den übrigen Kindern und den Beziehungen des anderen Elternteils zu den Kindern unterscheidet. Das ergibt insgesamt 2n Beziehungen, wenn n die Kinderzahl in der Familie ist. Bei zwei Kindern bestehen 4 Eltern-Kind-Beziehungen, bei drei Kindern 6 usw.

Da die Kinder auch untereinander Beziehungen haben, vergrößert sich dieses Netzwerk noch, und zwar für eine Familie mit zwei Kindern auf $\binom{4}{2}$ Beziehungen, d. h. also $\frac{4 \cdot 3}{1 \cdot 2} = 6$ Beziehungen, für eine Familie mit drei Kindern $\binom{5}{2}$, d. h. $\frac{5 \cdot 4}{1 \cdot 2} = 10$ Beziehungen, für eine Familie mit vier Kindern 15 Beziehungen usw.

Wie kann man sich hier als Beobachter zurechtfinden? Wie kann sich selbst ein Familienmitglied dabei auskennen lernen? Prüfen wir, welche Hilfe uns dabei das Duplikationstheorem vielleicht leisten kann. Nach diesem würden ja jene Beziehungen der Eltern zu ihren Kindern glücklicher und erfolgreicher oder jedenfalls leichter zu entwickeln sein, für welche die Eltern schon Erfahrungen aus ihrer Ursprungsfamilie mitbringen. Das gleiche gilt sogar für die Kinder. Wenn diese in ihrer Familie Erfahrungen machen können, die ähnlich jenen Erfahrungen sind, die seinerzeit schon ihre Eltern in deren Herkunftsfamilien sammeln konnten, müßten sie auch ihre Eltern besser verstehen bzw. mit ihnen besser auskommen als bei unähnlichen oder konträren Erfahrungen.

Da in der intakten Familie jedes Kind sowohl eine Beziehung zum Vater als auch zur Mutter entwickelt, einer der beiden aber vom gleichen Geschlecht wie es selbst, der andere vom anderen Geschlecht ist, entstehen offenbar zwei verschiedene Formen von Beziehungen. Diese hat schon Freud (1900, 1905, 1916/17) beschrieben, und andere Tiefenpsychologen wie Jung, Adler, Sullivan oder Schultz-Hencke haben ihm im wesentlichen zugestimmt. Die *Beziehung zum gleichgeschlechtlichen Elternteil* entwickelt sich nach anfänglichen Unsicherheiten in eine solche der Identifikation. Der Sohn gerät nach dem Vater und nimmt sich diesen auch zum Vorbild. Die Tochter wird wie die Mutter und ahmt sie nach. Eine solche Beziehung der Identifikation ist dadurch gekennzeichnet, daß die jeweils betroffenen beiden Personen einander ähnlich sind, sich ineinander einfühlen können, einander verstehen und einander zu vertreten vermögen. Wenn der Vater abwesend ist, kann der Sohn seine Stelle einnehmen, wenn die Mutter fehlt, versucht die Tochter, sie in der Familie zu ersetzen.

Die *Beziehung* des Kindes *zum andersgeschlechtlichen Elternteil* beruht in der Regel auf der Unähnlichkeit oder Andersartigkeit der beiden betroffenen Personen. Mann und Frau sind in vielen Aspekten andersartig, und ihre Beziehung gerade darauf abgestimmt, daß der andere hat und kann, was man selbst nicht kann, aber braucht. Arbeits- und Interessenteilungen wie Berufstätigkeit versus Haushalt, Technik versus Kunst, Politik versus Religion, Kampfsport versus soziale Unterhaltung, Hilfe für die Kinder bei Schulaufgaben in den Naturwissenschaften versus Hilfe in den Sprachen etc. klingen wie Stereotype, sind aber weiter verbreitet und eingefleischter, als man denkt. Der Mann ist stark, intelligent, wenn nötig aggressiv, aber ungeduldig, schlecht im Nehmen und Ertragen. Die Frau ist schön, hat Charme, gibt lieber nach, hat Geduld und kann, wenn es sein muß, besser leiden. Etwa so lauten die Stereotype über Mann und Frau. Aus ideologischen und praktischen Gründen will man zwar von diesen typischen Erscheinungsformen weg, und manchmal gelingt dies auch, manchmal findet man sogar das umgekehrte Verhältnis, aber in der überwiegenden Mehrzahl aller Liebespartnerschaften und Elternpaare gehen die Unterschiede doch eher in die genannte Richtung und werden als sinnvoll empfunden. Jeder der Liebes- oder Ehepartner allein ist unvollständig, meint man, aber zusammen, in der wechselseitigen Ergänzung, können die beiden das Leben und die Welt meistern.

Jedenfalls wird unter den Kindern eines Ehepaares der Junge eher ein kleiner Mann und das Mädchen eher eine kleine Frau als umgekehrt. Dabei entwickelt der Junge sowohl in Nachahmung des gleichgeschlechtlichen Elternteils als auch auf Grund eigener Erfahrung ein komplementäres Verhältnis zur Mutter, in dem er Dinge tun kann oder zumindest können möchte, die sie nicht kann, und er von ihr Dinge bekommt, die er sich nicht selbst verschaffen kann. Analog verfährt das Mädchen mit dem Vater. Dieser ist für sie der große starke Mann, der sie beschützt, und sie muß dafür aufmerksam, artig und schön sein. Er imponiert ihr, und sie will ihm gefallen. So oder so ähnlich lautet hier die Devise.

Für die *Identifikation* eines Kindes *mit dem gleichgeschlechtlichen Elternteil* gilt nun, daß sie um so leichter ist, je ähnlicher Vater und Sohn bzw. Mutter und Tochter einander sind. Dabei ist Ähnlichkeit definierbar durch die relative Zahl der Merkmale, nach denen Vater und Sohn bzw. Mutter und Tochter miteinander übereinstimmen.

Ein solches relativ bedeutsames Merkmal ist die Geschwisterposition oder Geschwisterrolle des Elternteils und des Kindes. Je ähnlicher die Geschwisterposition eines Kindes jener des gleichgeschlechtlichen Elternteils unter sonst vergleichbaren Umständen ist, desto besser kann sich das Kind in Belangen des sozialen Verhaltens und der sozialen Einstellungen mit dem gleichgeschlechtlichen Elternteil identifizieren; desto leichter ist es zugleich auch für den Elternteil, das Kind zu verstehen und sich mit ihm zu identifizieren. Je unähnlicher die Geschwisterposition des Kindes mit jener des gleichgeschlechtlichen Elternteils, desto eher besteht ein Identifikationskonflikt.

Für die *Interaktion* eines Kindes *mit dem andersgeschlechtlichen Elternteil* gilt dagegen, daß diese um so leichter ist, je größer die relative Zahl der Merkmale, die unterschiedlich oder komplementär ausgeprägt sind. Von einer relativen Zahl wird deswegen gesprochen, weil natürlich gewisse Merkmale wie Aussehen, Temperament, Umgangssprache, Umgangsformen und nicht zuletzt die konstitutionelle oder genetische Ausstattung der betroffenen Personen meist starke Ähnlichkeiten aufweisen.

Das bedeutet in bezug auf die Geschwisterposition des Kindes und des andersgeschlechtlichen Elternteils, daß die beiden unter sonst vergleichbaren Umständen um so besser miteinander auskommen und zusammenleben können, je komplementärer ihre Geschwisterpositionen zueinander sind.

Was für Liebes- und Ehepartnerschaften gilt, darf also auch für die Eltern-Kind-Beziehungen angenommen werden. Eine Tochter, die selbst die jüngere Schwester eines Bruders ist, verträgt sich mit ihrem Vater besonders gut, und dieser mit ihr, wenn der Vater selbst der ältere Bruder einer Schwester ist. Ein Sohn, der eine ältere Schwester hat, kommt mit seiner Mutter relativ am besten aus, und sie mit ihm, wenn die Mutter ihrerseits einen jüngeren Bruder hat.

Wenn diese Mutter übrigens außerdem noch einen älteren Bruder hat, darf trotzdem angenommen werden, daß sie für ihre Beziehung zu ihrem Sohn eher die Erfahrungen mit ihrem jüngeren Bruder einsetzen wird. Es handelt sich um eine partielle Komplementarität der Geschwisterrollen von Mutter und Sohn, die sich ja, wie bereits erwähnt, ebenfalls günstig für die Beziehung der betroffenen Personen auswirkt. Wenn dagegen der Ehemann dieser Mutter ein *älterer* Bruder einer Schwester ist, hat die Mutter sozusagen ein Duplikat für jede ihrer beiden Geschwisterbeziehungen bekommen: ihr Mann ist wie ihr älterer Bruder, ihr Sohn wie ihr jüngerer Bruder.

Dabei sei aber angemerkt, daß in diesem Falle ihr Sohn mit seinem Vater einen Identifikationskonflikt aufweist. Die Geschwisterpositionen von Vater und Sohn sind einander unähnlich. Die beiden haben aufgrund ihrer Erfahrungen andere Vorstellungen darüber, wie man sich beispielsweise Mädchen gegenüber verhält. Der Vater meint, führend, verantwortlich und beschützend, der Sohn meint, unbekümmert, selbstverwirklichend und auf die Bemutterung durch Mädchen bauend.

Die hier angedeuteten Komplikationen wurden von mir an anderer Stelle ausführlicher abgehandelt (z. B. Toman 1974, insbesondere S. 187 ff.; 1976, S. 198 ff.). Sie können dort nachgelesen werden. Der fachmännische Leser wird allerdings in der Regel bei der Anwendung auf den konkreten Fall diese Komplikationen selbst erkennen und lösen, wenn er eine gegebene Familienkonstellation nicht einfach grob typisiert, sondern von verschiedenen Aspekten betrachtet. Nicht nur die Geschwisterpositionen der betroffenen Personen, sondern auch die Geschwisterpositionen der Eltern und deren Verhältnis zueinander sowie zu ihren Kindern bedürfen der Beachtung.

Wir haben so getan, als ob von vornherein feststünde, daß Identifikationsbeziehungen des Kindes mit dem *gleich*geschlechtlichen Elternteil, Interaktion mit dem *anders*geschlechtlichen Elternteil erfolgen. Das ist auch die primäre und am häufigsten erkennbare Tendenz. *Sekundäre Identifikationsbeziehungen* können aber auch mit dem andersgeschlechtlichen Elternteil, *sekundäre Interaktionsbeziehungen* mit dem gleichgeschlechtlichen Elternteil entwickelt werden.

Dies ist beispielsweise der Fall, wenn eine Familie nur Jungen oder nur Mädchen hat. Nicht selten wird dann einer der zwei oder drei Jungen genötigt, sich von seinen Brüdern abzusetzen und in der Form von künstlerischen – eher als sportlichen oder technischen – Ambitionen das 'Mädchen' unter den Jungen zu werden und sich eher mit der Mutter als mit dem Vater zu identifizieren. In einer Familie mit zwei oder mehr Mädchen wird eines der "tomboy", der Wildfang oder der Lehrling des Vaters etwa in dessen Heimwerkstätte oder beim Basteln am Auto, und sie identifiziert sich dementsprechend auch mehr mit dem Vater als mit der Mutter.

Sogar wenn Eltern sowohl Söhne wie Töchter haben, aber *selbst* aus eingeschlechtlichen Kinderkonfigurationen stammen, können sie interaktive Beziehungen eher mit den gleichgeschlechtlichen Kindern anstreben und die andersgeschlechtlichen Kinder durch ihre eigene innere Reserve gegenüber dem anderen Geschlecht und die zu spärlich angebotenen vertraulichen Kontaktmöglichkeiten eher zu Identifikationsbeziehungen animieren. Personen aus eingeschlechtlichen Geschwisterkonfigurationen schätzen häufig Freundschaften mit gleichgeschlechtlichen Personen höher ein als solche mit andersgeschlechtlichen Personen und Liebesbeziehungen. In der beschriebenen Familie können dementsprechend Kameradschafts- und Freundschaftsbeziehungen, Solidarität unter den Männern oder unter den Frauen bei Hintanstellung oder Ausschluß der Beziehungen zum anderen Geschlecht dominieren.

3.3.4.2. Eltern-Kindbeziehungen und die Elternbeziehungen der Eltern

Außer den Erfahrungen mit Geschwistern stehen jungen Eltern vor allem die Erfahrungen mit ihren eigenen Eltern zur Verfügung. Junge Eltern können sich an vieles von dem erinnern, was ihre Eltern ihnen und ihren Geschwistern in der Kindheit und Jugend getan und angedeihen lassen haben. Sie können gar nicht verhindern, daß ihre Erinnerungen daran auch ihre Vorstellungen vom eigenen Familienleben mitgestalten. Wie, wann und wie lange man täglich beisammen ist, was man dabei tut und spricht, wie man das Familienleben, aber auch Beruf und Schule auffaßt und im Familiengespräch behandelt, wie man Besuche empfängt und Besuche macht, wie man ißt und zu Bett geht, wie man aufwacht, was man zum Wochenende unternimmt usw., alles das haben junge Eltern einfach im Gefühl und können es oft nicht anders rechtfertigen als mit der Angabe, daß es eben selbstverständlich sei.

Die Erinnerungen der beiden Ehepartner an ihre Eltern und an die Erfahrungen mit ihnen können mehr oder weniger unterschiedlich sein und Anlaß zu Konflikten geben. Wenn die Eltern des einen Ehepartners jenen des anderen ähnlich sind, wenn etwa in beiden Fällen die Väter stark und die Mütter sanft und nachgiebig waren, wenn sie aus einem ähnlichen Milieu kommen, etwa aus einer ähnlichen Berufs- oder zumindest Einkommensgruppe, wenn sie ethnisch, nach ihrer Weltanschauung und Religion, nach ihrer Umgangssprache und Bildung ähnlich sind, hat das junge Elternpaar unter sonst vergleichbaren Umständen kaum Schwierigkeiten, seine Erwartungen an das Familienleben miteinander abzustimmen. Nicht selten kennen und schätzen in solchen Fällen die beiden Elternpaare der Ehepartner auch einander. Beide Familien der Partner scheinen zufrieden mit der Wahl zu sein, die ihre Kinder getroffen haben.

Das kann ganz anders sein, wenn etwa starke Unterschiede in der Bildung oder in der ethnischen Herkunft der Eltern der Ehepartner bestehen oder wenn die beiden Elternpaare der Ehepaare nicht einmal die gleiche Muttersprache sprechen. Das kann aber auch anders sein, wenn die Eltern des einen Partners ein umgekehrtes Autoritätsverhältnis hatten, wenn die Mutter etwa die führende und tonangebende Person, der Vater der nachgiebige und gewährende Elternteil war.

Die Vorstellungen der Ehepartner darüber, wie es in der eigenen Familie sein soll und wie die Kinder sich entwickeln müßten, können dadurch in Konflikt geraten. Ob Männer oder Frauen die Verantwortung und die Aufgaben übernehmen sollen oder ob sie sich statt dessen dem anderen anvertrauen, ihm nachgeben und sich von ihm führen lassen sollen, steht nicht nur für die Eltern, sondern auch für die Kinder immer wieder zur Debatte. Der Streit kann sich bis zur Bewertung von Mann und Frau überhaupt, aber auch der Leistungen erstrecken, die man selbst und die die eigenen Eltern jedes der beiden Ehepartner in das Familienleben eingebracht haben. Nicht selten greifen die Eltern der Ehepartner in den Streit auch persönlich und aktuell mit ein.

Bei den Besonderheiten der Beziehungen der Ehepartner zu ihren Eltern spielen selbstverständlich ebenso wie bei den Beziehungen der Ehepartner zu ihren eigenen Kindern Geschwisterpositionen bzw. deren Verträglichkeiten untereinander eine Rolle. Dabei gelten die gleichen Regeln, auf die bei der Beschreibung der Eltern-Kinder-Beziehungen bereits hingewiesen wurde. Auf sie soll hier nicht noch einmal eingegangen werden.

Es sei aber daran erinnert, daß Ähnlichkeit oder Identität der Geschwisterpositionen eines Ehepartners und seines gleichgeschlechtlichen Elternteils die Merkmale seiner Geschwisterrolle in der Regel verstärkt. Ein Identifikationskonflikt des Ehepartners mit seinem gleichgeschlechtlichen Elternteil tendiert dagegen in der Regel zu einer Schwächung der Merkmale seiner Geschwisterrolle.

Das kann je nach den Umständen sein Gutes und Schlechtes haben. Wenn die Ehepartner nach ihren eigenen Geschwisterrollen im Konflikt miteinander sind (z. B. (s) b / (b) s), kann eine Schwächung der Geschwisterrolle des einen (etwa des Ehemannes, wenn er einen ältesten Bruder von Schwestern als Vater hatte) den Geschwisterrollenkonflikt der Ehepartner mildern. Andererseits kann auch eine volle Komplementarität der Geschwisterrollen der Ehepartner (z. B. b (s) / (b) s) durch Identifikationskonflikte der Ehepartner mit ihren gleichgeschlechtlichen Elternteilen (der Ehemann hatte beispielsweise einen jüngeren Bruder von Schwestern zum Vater, die Ehefrau eine ältere Schwester von Brüdern zur Mutter) gestört werden. Beide Ehepartner könnten in ihrem Verhalten zueinander und zu ihren Kindern zwischen dem vaszillieren, was sie nach ihren eigenen Geschwisterrollenerfahrungen tun möchten, und dem, was sie glauben, daß ihr gleichgeschlechtlicher Elternteil getan oder verlangt hätte.

Einzelkinder haben keine Geschwistererfahrungen in ihrer ursprünglichen Familie gehabt. Ihnen stehen daher in der selbstgegründeten Familie nur die Erfahrungen mit ihren eigenen Eltern zur Verfügung. Sie bleiben stärker als andere Ehepartner an ihre Eltern gebunden und auf ihre Dienste angewiesen, aber auch mit ihnen identifiziert und mit ihren Wünschen vertraut. Sie tendieren auch in höherem Maße als andere Ehepartner dazu, selbst nicht mehr als ein Kind zu haben. Auch darin folgen sie sozusagen dem elterlichen Vorbild.

Einzelkinder nehmen aber durch Identifikation mit ihrem

gleichgeschlechtlichen Elternteil auch Charakteristika der Geschwisterposition dieses Elternteils an. Wenn er ein ältestes Geschwister war, neigt das Einzelkind in der selbstgegründeten Familie mehr als andere Einzelkinder dazu, Verantwortung und Fürsorge zu üben, wenn der Elternteil ein jüngstes Geschwister war, die Führung und Betreuung der Kinder eher dem Ehepartner zu überlassen und sich auch selbst gleich ein wenig mitbetreuen zu lassen. Wenn auch der gleichgeschlechtliche Elternteil ein Einzelkind war, verstärkt dies die Merkmale des Einzelkindes bei dem betreffenden Partner.

3.3.4.3. Andere Einflußfaktoren in Eltern-Kindbeziehungen

Neben diesen familienstrukturellen Einflüssen, die von den Geschwisterrollen der Kinder und der Eltern sowie von den Beziehungen der Eltern zu ihren eigenen Eltern auf die Eltern-Kind-Beziehungen ausgeübt werden, gibt es Faktoren „einfacherer Herkunft", die innerhalb vorgegebener Schranken in ihrer interindividuellen Ausprägung vom Zufall abhängen. Es handelt sich um konstitutionelle oder erbbedingte Faktoren wie etwa das Aussehen und die Größe einer Person, ihre körperlichen, technischen, sozialen, sprachlichen, wissenschaftlichen oder künstlerischen Begabungen, ihre Ausdauer, Frustrationstoleranz oder ihr Temperament.

Obwohl die konstitutionellen Ausstattungen und die besonderen Begabungen unter Geschwistern in einem mittleren Ausmaß korrelieren und auch zu den Ausstattungen der Eltern deutliche Ähnlichkeiten bestehen, variieren die Ausprägungen innerhalb einer Geschwisterkonfiguration unabhängig von den Familienstrukturen. Wenn ein Elternteil wissenschaftliche und sportliche Talente hat, der andere künstlerische, sprachliche und soziale, ist trotzdem nicht festgelegt, ob unter den Kindern mehr die väterlichen oder die mütterlichen Merkmale dominieren, ob sich in einem Kind nicht väterliche und mütterliche Talente vereinigen, in einem anderen nur ein einziges Talent der Mutter aufscheint, allerdings in besonders hoher Ausprägung, und ein drittes Kind vielleicht ohne jegliches Talent der Eltern bleibt. Dafür zeigt es eine Begabung, die bei den Eltern nicht beobachtbar war, etwa eine ungewöhnliche Fähigkeit im Umgang mit mathematischen Symbolen, oder ein hervorragendes Gedächtnis für visuelle Details.

Aus solchen konstitutionell bedingten Merkmalen können sich Sonderpositionen für Kinder, Eltern oder beide ergeben, welche die familienstrukturellen Einflüsse überlagern oder unterdrükken. Wenn einer oder beide Eltern künstlerische Ambitionen hatten, aber diese nie verwirklichen konnten, und eines von ihren drei Kindern, etwa das jüngste, zeigt ungewöhnliche künstlerische Talente, dann kann dieses Kind so von den Eltern bevorzugt werden, daß es seine älteren Geschwister an Macht und Einfluß schließlich übertrifft. Wenn das jüngste Geschwister ein Mädchen und die beiden älteren Geschwister Jungen sind, dann könnten diese auch noch den Eindruck gewinnen, daß Jungen und Männer im Vergleich zu Frauen in der Welt nur sekundäre Bedeutung haben.

Auch Ähnlichkeiten im Aussehen eines Kindes etwa mit dem väterlichen Großvater (der vielleicht als Politiker hervorgetreten war oder einen Familienbetrieb erfolgreich aufgebaut hatte) oder im Temperament etwa mit der Mutter oder mit der Mutter der Mutter, die sich immer um die Familie bemüht hat, können das betreffende Kind entweder generell begünstigen oder in eine soziale oder berufliche Entwicklung drängen, die sonst anders verlaufen wäre. Das betreffende Kind soll beispielsweise den Familienbetrieb übernehmen, obwohl auch andere Kinder daran interessiert oder dafür geeignet wären, oder die Mutter bzw. die Großmutter zieht dieses Kind zu ihrer Nachfolgerin in den Familienangelegenheiten heran, obwohl es – vielleicht ist es das Jüngste – von den übrigen Kindern in dieser Rolle zunächst nicht akzeptiert wird. Mit der vereinten mütterlichen und großmütterlichen Unterstützung setzt es sich aber schließlich durch.

Zuletzt müssen hier auch noch Konventionen genannt werden, die beispielsweise das erstgeborene Kind, insbesondere wenn es ein Junge ist, begünstigen. Die Erbfolgen in Familien mit größeren Vermögenswerten oder „angeborenen" politischen Aufgaben, wie etwa in Königs- oder Fürstenhäusern, sind Beispiele dafür. Auch Bauernhöfe werden bevorzugt den ältesten Söhnen überlassen, Töchtern eher nur, wenn sie einen Landwirt zum Mann bekommen. In manchen Ländern gilt allerdings ein anderes Erbrecht: dort übernimmt der jüngste Sohn den Bauernhof, wenn es nicht ausdrücklich und begründet anders festgelegt wird.

Außer solchen institutionellen Bevorzugungen von Ältesten gegenüber später Geborenen und von Männern gegenüber Frauen, die sich zumindest in manchen Bevölkerungsgruppen und Lebensbereichen auswirken können, muß man auch noch eine scheinbar triviale biologische und soziologische Komponente beachten: Mütter sind durch die Schwangerschaft und das Stillen der Kinder in der Regel psychologisch intimer und enger mit ihren Kindern verbunden als die Männer, die ja mitunter nicht einmal sicher sein können, ob sie im konkreten Falle wirklich die Väter sind.

Durch diese engere Verbundenheit der Mütter mit ihren Kindern sind sie auch über die ersten Lebensmonate hinaus die natürlicheren und zwangloseren Betreuer ihrer Kinder als die Männer. Väter können sich zwar in die ungezählten Mutter-Kind-Kontakte zunehmend einschalten, aber sie tun es im allgemeinen mit weniger Geschick und weniger Ausdauer als die Mütter. Ausnahmen sind fast immer Familien, in denen die Mütter ihrem Kind und/oder dem Kindesvater mit gemischten Gefühlen gegenüberstehen. Die Mütter mögen das Kind zum Teil nicht, fühlen sich von ihrem Mann zu wenig geliebt oder meinen, überhaupt den falschen Mann gewählt zu haben.

Jedenfalls verbringt in der überwiegenden Mehrzahl aller Familien die Mutter wesentlich mehr Zeit mit ihren Kindern als der Vater und hat, wenn sie vor ihrer Mutterschaft berufstätig war und schließlich wieder ins Berufsleben zurückkehrt, häufig zehn und mehr Jahre ausgesetzt. Sie wartet mit ihrer Rückkehr ins Berufsleben bis zum Eintritt ihres jüngsten Kindes in den Kindergarten oder in die Schule und arbeitet zunächst meist nur halbtags. Erst weitere fünf bis zehn Jahre später dehnt sie ihre Berufstätigkeit mitunter auf eine Vollbeschäftigung aus.

Das bedeutet aber, daß sie durch ihre Mutterschaft beruflich ins Hintertreffen kommt, insbesondere in den gelernten und höher qualifizierten Berufen, und sich verständlicherweise benachteiligt fühlt. Andererseits kann man den Arbeitgebern, auch wenn es sich nicht um solche der freien Wirtschaft, sondern um Behörden und öffentliche Institutionen handelt, nicht zumuten, daß sie die lange Arbeitspause solcher Frauen ignorieren. Die Frauen müssen eben dort anfangen, wo sie vor zehn oder mehr Jahren aufgehört haben. Manchen gelingt es auch, in hochqualifizierten Berufen das entstandene Erfahrungs- und Kompetenzdefizit aufzuholen, aber in der Regel bleiben sie in ihren Einkünften hinter den Männern, aber auch hinter jenen Frauen, die auf Mutterschaft verzichtet haben, zurück.

Kurz gesagt: Trotz aller berechtigten Emanzipationsbestrebungen der Frauen bleibt diesen wahrscheinlich noch einige Jahrhunderte lang die Hausfrauen- und Mutterrolle in höherem Maße vorbehalten als den Männern. Sie müssen sich früher oder später in ihrem Leben für die Mutterschaft *oder* für den Beruf entscheiden. Sie können, zumindest zur gleichen Zeit, kaum beides haben. Ausnahmen sind lediglich jene relativ wenigen Frauen, die entweder durch eigenes wirtschaftliches Vermögen bzw. das ihres Mannes oder durch besonders hohe berufliche Qualifikationen, die sie sich vor ihrer Mutterschaft erworben haben, Ammen oder permanente Ersatzmütter für ihre Kinder finanzieren können. Ausnahmen sind vielleicht noch jene Frauen, die ihre eigenen Eltern oder die ihres Mannes regelmäßig und dauerhaft in die Betreuung ihrer eigenen Kinder einzuspannen, die sich also eine Art von Großfamilienleben zu organisieren vermögen. In manchen landwirtschaftlichen und anderen Familienbetrieben scheint dies auch heute noch möglich zu sein. In allen diesen Fällen müssen die Frauen allerdings gewärtigen, daß die von ihnen für ihre Kinder rekrutierten

Ersatzmütter psychologisch die eigentlichen Mütter ihrer Kinder werden.

Diese unterschiedliche Privilegierung von Männern und Frauen für unterschiedliche Laufbahnen stellt jedenfalls einen weiteren Einflußfaktor dar, der schon in der Kindheit der Menschen zu wirken beginnt. Seine Wirkung ist allerdings um so geringer, je besser die Eltern einander verstehen, je weniger sie selbst im Konflikt miteinander über ihre eigene Lebenssituation und ihre eigenen Arbeitsmöglichkeiten sind.

3.3.5. Verluste von Familienmitgliedern

Verluste von Familienmitgliedern treten während des Zusammenlebens in der Ursprungsfamilie mit einer Wahrscheinlichkeit von etwa 10 % auf. Eine von zehn Familien hat, ehe die Kinder bzw. ein mittleres Kind 15 bis 16 Jahre alt geworden sind, entweder ein Geschwister oder einen Elternteil verloren. Einen sehr frühen Elternverlust (d. h. innerhalb der ersten sechs Lebensjahre des jüngsten oder eines mittleren Kindes) erleidet eine von etwa 20 Familien. Dazu zählt auch das Fehlen eines Elternteils von Anbeginn. In der Regel handelt es sich dabei um den Vater (siehe auch S. 33). In bestimmten Bevölkerungsgruppen (z. B. unter den finanziell schwachen Familien, aber auch unter Familien mit delinquenten Jugendlichen) sind frühe Personenverluste wesentlich höher (siehe Toman 1974, 1976).

Verluste von Personen, mit denen man zusammengelebt und an die man sich gewöhnt hat, wirken um so traumatischer, je früher im Leben der betreffenden Person sie eingetreten sind. Wir schlagen aufgrund langjähriger klinisch-psychologischer Gepflogenheiten und einschlägiger Erfahrung vor, unter sonst vergleichbaren Umständen den *Verlust eines Familienmitgliedes,* insbesondere eines Elternteils, als *sehr schwer* zu bezeichnen, wenn er in der frühen Kindheit einer Person, also während der ersten sechs Lebensjahre eintritt, und als *schwer,* wenn er in der späteren Kindheit oder frühen Jugend eintritt, also zwischen dem 7. und 15. bis 16. Lebensjahr.

Schwere und sehr schwere Verluste haben traumatische psychische Folgen. Schwere Verluste erhöhen beispielsweise die Wahrscheinlichkeit von neurotischen Persönlichkeitsentwicklungen, sehr schwere auch von psychotischen oder kriminellen Persönlichkeitsentwicklungen, selbst wenn die Familie sonst keine Störungen im Zusammenleben erkennen ließ. Verluste von Familienmitgliedern, die jemand nach dem 16. Lebensjahr erleidet, wirken dagegen in der Regel nicht mehr traumatisch für die eigene Persönlichkeitsentwicklung. Auch die Bewältigung solcher Verluste erfordert selbstverständlich Zeit und psychische Anstrengung, aber sie führen nur mehr selten oder gar nicht zu psychischen Störungen. Sie erhöhen nicht mehr die Wahrscheinlichkeit von Neurosen oder Delinquenz, Kriminalität und Psychosen.

Das beste Heilmittel für Personenverluste ist ihr *Ersatz*. Ein verlorener Vater kann am ehesten durch einen anderen Mann, der in die Familie und an seine Stelle tritt, eine verlorene Mutter durch eine Stiefmutter ersetzt werden. Je ähnlicher die Ersatzperson der verlorenen Person, desto leichter kann diese auch in den Familienverband integriert werden. Wenn die Ersatzperson sogar eine Verwandte ist, etwa ein Bruder des Vaters oder eine Schwester oder Cousine der Mutter, oder eine befreundete Person, die immer schon Umgang mit der Familie gepflogen hat, ist ihre Akzeptierung noch leichter.

Im allgemeinen gilt allerdings, daß Ersatzpersonen gar nicht leicht zu rekrutieren sind und daß man oft mit solchen von geringer Ähnlichkeit mit der verlorenen Person vorliebnehmen muß. Dann dauert ihre Integration in das Familienleben in der Regel länger.

Auch eine sehr ähnliche Person kann übrigens nicht sofort die Stelle der verlorenen Person einnehmen. Das wäre nur möglich, wenn sie sozusagen das eineiige Zwillingsgeschwister der verlorenen Person und mit der Familie bereits so vertraut wäre wie die verlorene Person. Ansonsten muß die verlorene Person betrauert, in allen Aspekten des täglichen Lebens innerlich abgeschrieben werden. Erst nach Absolvierung dieser Trauerarbeit (Freud 1916) sind die Familienmitglieder in der Regel zur Aufnahme einer neuen Person bereit.

Wenn keine Ersatzperson rekrutiert werden kann, dann versuchen die verbliebenen Personen in der Familie, die Aufgaben und Funktionen der verlorenen Person irgendwie zu übernehmen. Die ältesten Geschwister treten insbesondere gegenüber den jüngeren Geschwistern väterlicher oder mütterlicher auf als vor dem Verlust des betreffenden Elternteils. Dadurch mildern sie auch den jüngeren Geschwistern die Verlustwirkungen, die ansonsten für sie gravierender wären als für die älteren Geschwister. Daß dies psychisch um so leichter möglich ist, je größer die Zahl der Geschwister, leuchtet ein.

Wenn kein Elternteil, sondern ein Geschwister verloren wurde, übernimmt ein anderes Geschwister dessen Stelle mit. Mitunter entschließen sich die Eltern sogar wegen des Verlustes zur Zeugung eines weiteren Kindes.

Für den überlebenden Elternteil ist der Verlust des Ehepartners subjektiv vielleicht gravierender als für die Kinder der Verlust eines Elternteils. Den Ehepartner hat man ja selbst und aus freien Stücken gewählt, während die Kinder über die Zusammensetzung ihrer Herkunftsfamilie keine nennenswerte Kontrolle haben. In die Herkunftsfamilie wird man vielmehr hineingeboren, und wenn sie sich durch Zuwachs ändert, ging diesem nur selten eine Befragung der Kinder voraus. Mit dem Liebes- und Ehepartner hat man dagegen nicht nur den Beginn des Zusammenlebens selbst bestimmt, sondern auch noch die Entwicklung und Gestaltung des Zusammenlebens einschließlich der Entscheidungen zu eigenem Nachwuchs. Außerdem verbinden einen intime Erfahrungen mit dem Ehepartner, die an Befriedigung und Erfüllung in der Regel alle Vertrautheiten und Intimitäten in der Herkunftsfamilie übertreffen, wenn man von den intimen Erfahrungen der Eltern miteinander absieht. Von diesen Erfahrungen blieb man aber ohnedies ausgeschlossen.

Jedenfalls kann der Verlust eines Ehepartners äußerst

schmerzlich erlebt werden, aber er ist in seinen objektiven Wirkungen dennoch geringer als etwa der Verlust eines Elternteils für die Kinder, solange diese noch klein oder minderjährig sind. Der Ehepartner kann seinen Verlust selbst wettmachen. Er kann – nach einer Trauerperiode – auf neuerliche Partnersuche gehen.

Diese ist allerdings um so schwieriger, je älter der Ehepartner geworden ist und je mehr Kinder er bereits hat. Altersangemessene potentielle Ehepartner werden zunehmend seltener. Sie sind entweder schon verheiratet; oder sie sind es nicht, sie konnten oder wollten bisher nicht heiraten, aber dann haben sie sich auch an den Ledigenstand schon mehr oder weniger stark gewöhnt.

Sicher ist jedenfalls, daß ein Mensch durch den Verlust seines Ehepartners in der Regel nicht mehr in seiner Persönlichkeitsentwicklung gestört wird. Seine Persönlichkeitsentwicklung hat zu einem erheblichen Teil bereits stattgefunden.

In ähnlicher Weise klaffen auch beim Verlust eines eigenen Kindes die subjektiven Empfindungen und die objektiven Wirkungen des Verlustes auseinander. Weil Eltern sich ihre Kinder ja selbst angeschafft haben, weil diese zunächst völlig abhängig von ihnen waren und nur allmählich selbständiger wurden, halten Eltern unwillkürlich jedes Leiden des Kindes und gegebenenfalls erst recht seinen Tod für ihre eigene Schuld. Sie glauben, ihre Verantwortung und Fürsorge eben doch nicht ernst genug genommen zu haben.

Trauer mit Schuldgefühlen aber ist in der Regel verlängerte Trauer. Ambivalenz gegenüber einer verlorenen Person, Haß oder Furcht, die sich mit den positiven Gefühlen für eine Person vermischen, bewirken Schuldgefühle gegenüber dieser Person. Ihren Abgang oder Verlust hat man gegebenenfalls, wenn auch unbewußt, gewünscht. Daher wagt man nicht recht zu trauern. Man sucht nicht die Situationen und Ereignisse der Vergangenheit auf, um die verlorene Person aus ihnen „fortzuschreiben“ – d. h. sich zu vergewissern, daß die Person fortan kein Teil dieser Situationen und Ereignisse mehr sein wird –, sondern man meidet eher diese Situationen und Ereignisse. Nur wenn man unversehens auf sie stößt, kann man, dann eben unter Schuldgefühlen, ein bißchen Trauerarbeit leisten.

Aus solchen Gründen können Eltern, die ein eigenes Kind verloren haben, mitunter lange leiden. Trotzdem sind sie objektiv in ihrer Lebensbewältigung kaum gefährdet. Sie können sich sogar miteinander einen Ersatz beschaffen: Sie können ein weiteres Kind zeugen.

Der Ersatz von verlorenen Familienmitgliedern bringt *Stiefeltern* und manchmal auch *Stiefgeschwister* auf den Plan. Das schafft besondere Probleme der Integration ins Familienleben.

Gewinnt die Familie einen Ersatzelternteil, der selbst noch keine Familie hatte, dann fehlt diesem die einschlägige Erfahrung. Er muß viel Geduld und Fürsorgebedürfnis aufbringen, um das Vertrauen der Kinder zu gewinnen, aber er weiß nicht wie. Zu vieles davon ist ihm neu.

Wenn der Ersatzelternteil dagegen eine solche Elternrolle bereits in einer eigenen Familie eingenommen hat, dann bringt er zwar einschlägige Erfahrung, aber oft nicht genug Interesse an seinen Stiefkindern mit. Sein Herz gehört in höherem Maße doch seinen leiblichen Kindern.

Wenn ein solcher Elternteil seine eigenen Kinder sogar mit in die Ehe bringt, dann vergrößern sich die Probleme im Verhältnis zur Zahl dieser Kinder. Im Zusammenleben kann und sollte ja jeder mit jedem eine Beziehung aufnehmen. Die beiden Kindergruppen tendieren aber dazu, sich intern aneinanderzuklammern und Fronten gegeneinander zu bilden. Sie hängen jetzt oft auch mit größerer Vehemenz als vor diesem Zusammenschluß am verbliebenen leiblichen Elternteil und sind außerdem in Sorge, wie es weitergehen wird. Wenn sie einen Elternteil verloren haben und der verbliebene sich einem neuen Partner zugewendet hat, könnten sie dann diesen neuen Partner auch wieder verlieren? Oder etwa gar ihren verbliebenen Elternteil? So lauten ihre Sorgen.

Wenn ein solches Elternpaar auch *miteinander* Kinder zeugt, wird die Verwirrung und Unsicherheit der schon vorhandenen Kinder noch größer. Sie haben ja je einen 'richtigen' und einen

Stiefelternteil, aber ihre Halbgeschwister haben *zwei* 'richtige' (leibliche) Eltern. Werden die Eltern nicht beide Kindergruppen aus ihren ersten Ehen eines Tages abzustoßen trachten und nur ihre gemeinsamen leiblichen Kinder behalten?

In diese Konflikte und Zweifel der Kinder greifen auch noch die verlorenen leiblichen Eltern ein, sofern der *Verlust durch Trennung oder Scheidung* entstand. Die Kinder wissen nicht, ob sie sich nicht doch auch den getrennten oder geschiedenen Elternteil warmhalten sollen? Vielleicht ist er ihnen sogar der liebere Elternteil, aber die Rechtslage war eben anders. – Wenn dieser Elternteil Besuchsrecht hat und ausübt, handelt es sich übrigens um einen *partiellen Elternverlust.* Der Kontakt mit diesem Elternteil ist stark reduziert und sporadisch, aber er hat nicht völlig aufgehört.

Wenn ein solcher getrennter oder geschiedener Elternteil wieder in den Verband seiner ursprünglichen Familie zurückkehrt, sprechen wir von einem *temporären Elternverlust.* Ein solcher ist ähnlich wie ein permanenter Elternverlust um so gravierender in seinen Wirkungen, je früher im Leben der betroffenen Person er eingetreten ist, aber auch, je länger er angedauert hat, ehe er wieder aufgehoben wurde. Bei sehr langer Dauer eines temporären Elternverlustes nähert sich dieser in seinen Wirkungen einem permanenten Elternverlust, selbst dann, wenn etwa eines Tages der verlorene Elternteil sozusagen wieder da ist. Er kann nicht mehr als Vater oder Mutter akzeptiert werden. Er ist eine fremde Person geworden. – Diese Verlustwirkungen sind allerdings in dem Ausmaß gemildert, als der temporäre Verlust kein vollständiger, sondern ein partieller Verlust war. Je mehr Kontakt mit der Familie ein Elternteil trotz seiner Trennung oder Scheidung aufrechterhalten hat, desto weniger war und ist er der Familie psychologisch verloren. – Ähnliches gilt übrigens auch für den Verlust von Geschwistern.

Wenn durch die Rückkehr eines lange abwesenden Elternteils eine inzwischen eingegangene neue Partnerbindung des verbliebenen Elternteils wieder aufgelöst wird, stellt auch dies einen Personenverlust für die Kinder dar. Seine Wirkung ist allerdings um so geringer, je später der Stiefelternteil in das Leben der Kinder eingetreten ist und je kürzer er mit ihnen zusammengelebt hat.

Wenn der *Verlust eines Elternteils durch dessen Tod* eintrat, ist die Lage in mehrfacher Hinsicht anders. Ein toter Elternteil kann einem nicht mehr helfen. Andererseits ist der Tod in der überwiegenden Mehrzahl aller Fälle schicksalhaft, durch Krankheit oder Unfall, vielleicht durch Krieg entstanden, nicht durch einen Konflikt der Eltern miteinander oder durch einen Wunsch des verlorenen Elternteils, die Familie zu verlassen. Daher wird dem verlorenen Elternteil ein anderes Angedenken bewahrt. Außerdem bleiben Eltern und Geschwister des verstorbenen Elternteils an seiner Familie und seinen Kindern mit größerer Wahrscheinlichkeit interessiert und für sie verfügbar als im Falle eines Elternteils, der seine Familie aus freiem Willen verlassen hat. Nicht selten war auch schon vor dem Weggang dieses Elternteils seine Herkunftsfamilie kaum, gar nicht oder nur antagonistisch am Familienleben beteiligt.

Nach einem Personenverlust ist das Zusammenleben des Restes der Familie unter Rekrutierung einer Ersatzperson für das verlorene Familienmitglied in der Regel die beste Lösung, ohne Rekrutierung einer Ersatzperson die zweitbeste Lösung. Wenn sich statt einer ständigen Ersatzperson nur gelegentliche Helfer, etwa aus der Herkunftsfamilie des verbliebenen Elternteils anbieten, oder wenn irgendein anderer Anschluß oder Zusammenschluß, etwa mit einer anderen Familie erfolgt, eine bloße Zweckgemeinschaft, kann man immer noch von einer relativ guten Lösung sprechen.

Ungünstiger ist im allgemeinen eine Aufteilung der Familie. Sie bedeutet weitere Personenverluste für die Betroffenen. Besonders ungünstig wäre die völlige Aufteilung der Familienmitglieder auf verschiedene Adoptiv- oder Pflegefamilien. Diese Möglichkeit ist allerdings immer noch günstiger als die Aufteilung in Kinderheime, in denen nicht einmal die Struktur von Familien gewahrt ist.

Nicht nur Verluste, welche jemand selbst erleidet, sondern

auch solche, welche seine Eltern erlitten haben, können sich im Familienleben auswirken. Personenverluste belehren den Betroffenen sozusagen über die Möglichkeit von Verlusten. Geliebte Personen können einem genommen werden. Weitere Verluste können folgen.

Das Duplikationstheorem (Toman 1961, 1965, 1971, siehe auch S. 44 f.) bedeutet in der Anwendung auf Verluste genau das: Der Betroffene lernt, Verluste zu antizipieren. Er fühlt sich mit der Möglichkeit von Verlusten relativ wohler als ohne sie. Er versteht und wählt eher solche Personen als Freunde und Partner, die ihrerseits Verluste erlitten haben. Er wählt generell ängstlicher und schlechter. Er ist froher als Personen ohne frühe Personenverluste, daß er überhaupt jemanden findet, der sich für ihn interessiert, und sieht manche der Konflikte nicht, in die er sich dabei einläßt. Er hängt sich an Personen an, die ihm nicht viel bedeuten und die man, wenn nötig, auch leicht wieder verlassen kann. Er wählt auch häufiger als jemand ohne frühe Personenverluste Freunde und Partner, die nicht bei ihm bleiben, die ihn vielmehr vorzeitig und unerwartet wieder verlassen (Toman 1961, 1965). Er zeigt weniger Optimismus im Leben, geht Dauerbindungen erst etwas später ein und ist weniger kinderfreudig als andere Menschen. Er (oder sie) bekommt erst später eigene Kinder, und die Zahl, die er sich zutraut, ist geringer als bei Lebenspartnern, die keine frühen Personenverluste erlitten haben (Toman 1974).

Es bleibt zu klären, wie das völlige Fehlen von Familienmitgliedern aufzufassen ist. Ein Vater wurde beispielsweise nicht erst im dritten Lebensjahr verloren, sondern er fehlte von Anfang an. Hier gibt es für das betroffene Kind keinen Übergang von der Präsenz eines solchen Familienmitgliedes zur permanenten Absenz und die mit dem Verlust verbundenen Leiden, die Trauerarbeit und die schließliche Suche einer Ersatzperson. Ist das nicht besser als alle diese Mühen?

Die Antwort ist Nein. Jenes Kind, das nie einen Vater hatte, vermißt ihn zwar auch nicht, aber es wächst unter dem Eindruck auf, daß es Väter und vaterähnliche Personen nicht gibt, und geht daher auch nicht auf die Suche nach solchen. Vaterähnliche Personen existieren aber. Sie sind ein wesentliches Bestandstück des sozialen und Berufslebens. Ohne Beziehungserfahrungen mit vaterähnlichen Personen kann der Betreffende auch keine rechten Beziehungen zu Autoritätspersonen überhaupt entwickeln, oder er hat dabei jedenfalls erhebliche Schwierigkeiten.

Das bedeutet, daß es ungünstiger und schwieriger für eine Person ist, ein Familienmitglied, z. B. einen Vater oder eine Mutter, nie gehabt zu haben, als sie gehabt, aber verloren zu haben. Letzteres ist zwar subjektiv schmerzhafter, aber für die eigene Entwicklung trotzdem förderlicher. Das gilt auch für Geschwister. Einzelkinder wissen eigentlich nicht, was ihnen fehlt. Ein Kind, das ein Geschwister verloren hat und nunmehr allein ist, weiß es und sucht einen Ersatz. Da auch das Leben mit anderen, insbesondere mit altersnahen Personen zur sozialen Wirklichkeit gehört, hat das Einzelkind hier ein Erfahrungs- und Interessendefizit. Man könnte die Einzelkindfamilie – mit Vorsicht, bitte; Kompensationen sind überall möglich – die mildeste Form einer unvollständigen Familie bezeichnen.

3.4. Die Entwicklung des Familienlebens

Das glückliche Familienleben ist unter anderem durch ein liebendes Elternpaar, das miteinander zufrieden ist, durch Kinder, in der Regel mehr als eines, und durch fröhliche und aufmerksame Beziehungen zu diesen Kindern gekennzeichnet. Die Eltern kennen und äußern nicht nur eigene Wünsche, sondern sie kennen auch die Wünsche der übrigen Familienmitglieder und halten diese für fast so wichtig oder für genauso wichtig wie ihre eigenen, manchmal sogar für noch wichtiger.

Die instinktive und sinnliche Freude an den Kindern ist so groß, daß Eltern die mit der Betreuung und Erziehung von Kindern verbundenen Mühen, Geduldproben und Sorgen auf sich nehmen. Sie hätten es manchmal lieber leichter, aber sie drücken sich trotzdem nicht. Sie tendieren auch nicht fort von der Familie, selbst wenn sie sich aus beruflichen, wirtschaftlichen und sozialen Gründen zeitweise außerhalb der Familie aufhalten. Sie verlassen den Partner und die Kinder nicht für längere Zeit und erst recht nicht für immer. Sie bleiben bei gelegentlichen Trennungen miteinander telefonisch oder brieflich im Kontakt. Sie unterbrechen längere Trennungen, die sie aus sachlichen Gründen nicht umgehen können, durch Besuche der Familie. Sie bleiben über kürzere oder längere Trennungen hinweg an dem interessiert, was in der Familie geschieht und was die einzelnen Familienmitglieder tun und fühlen. Sie wünschen unwillkürlich, daß während der Abwesenheit von der Familie sich nichts Wesentliches für die Familienmitglieder und das Zusammenleben ändert oder zumindest, daß sie über Änderungen informiert und befragt werden, daß sie solche Änderungen gegebenenfalls nach ihrer Rückkehr in die Familie noch selbst beeinflussen und mitunter annullieren können. Sie, die Eltern, bleiben im Einvernehmen über ihre Kinder, und sie haben nach Maßgabe der realen Möglichkeiten für ihre Kinder Zeit.

3.4.1. Die Kindheit

In einer solchen Atmosphäre fühlen sich Kinder wohl. Sie können ohne nennenswerte Enttäuschungen durch ihre Kindheitsphasen kommen. Diese sind:

a) Eine Phase der völligen Abhängigkeit von den Eltern, in der Regel von der Mutter, auch orale oder Passivitätsphase genannt (Freud 1916/17, Erikson 1950, Portman 1956 und andere), die etwa das erste Lebensjahr umfaßt.
b) Eine Phase der beginnenden Unabhängigkeit, der aktiven Lokomotion und der ersten Auseinandersetzungen mit der Mutter und den übrigen Familienmitgliedern. Sie heißt auch anale Phase oder Aktivitätsphase (Freud 1916/17, Erikson 1950 und andere). Sie umfaßt etwa das zweite und dritte Lebensjahr des Kindes.
c) Eine Phase der Identifizierung der eigenen Person (unter

anderem als Junge oder Mädchen) und der Entwicklung geschlechtsspezifischer Beziehungen zu den Familienmitgliedern und anderen Personen der Umgebung. Sie heißt wegen der beginnenden sexuellen und Liebesinteressen des Kindes auch (frühe) genitale Phase, wegen der Auseinandersetzungen mit Vater und Mutter als Mann und Frau auch ödipale Phase (Freud 1916/17, Erikson 1950). Sie umfaßt etwa das vierte und fünfte Lebensjahr.

3.4.1.1. Die orale oder Passivitätsphase

Für die orale oder Passivitätsphase (erstes Lebensjahr) ist charakteristisch, daß das Kind zunächst jeweils nur kurz, etwa eine halbe Stunde bis zu einer Stunde, wach ist und danach drei und mehr Stunden schläft. Einige Wochen nach der Geburt beginnt es – zur Erleichterung der betreuenden Personen – eine dieser Wachstunden während der Nacht auszulassen. Außerdem werden die Wachperioden länger.

Während dieser Wachperioden vollziehen sich die Fütterungen, Reinigungen, Trockenlegungen und die zunehmend differenzierteren sinnlichen Kontakte (des Schmeckens und Riechens, der Berührung, allmählich auch des Hörens und Sehens) mit der Pflegeperson, die in den ersten vier bis sechs Lebensmonaten beim Kind zur Fähigkeit führen, diese Pflegeperson von allen anderen Personen, die nur gelegentlich oder überhaupt erst neu hinzutreten, zu unterscheiden. Das Kind „liebt“ diese sinnlichen Kontakte, es lacht beispielsweise und schreit mitunter vor Ungeduld, wenn es ihrer wieder bedürftig geworden ist und sie kommen sieht, und lernt auch die betreuende Person, ihren Geschmack und Geruch, ihre Berührungen und Hantierungen, ihre Geräusche und ihren Anblick lieben. Diese Liebe war anfangs sozusagen auf die stillende Mutterbrust, im Ersatzfalle auf die Milchflasche, konzentriert, hat sich aber im Laufe der Zeit mehr oder weniger auf die gesamte Person und alle sinnlichen Erfahrungen, die sie zu bieten hat, ausgebreitet.

Während in den ersten vier bis sechs Lebensmonaten die Pflegeperson zur Not noch ausgetauscht werden kann, ist dies spätestens ab dem siebenten Lebensmonat nicht mehr möglich, ohne daß das Kind subjektiv einen schweren Verlust erlebt. An diesem kann es unter Umständen sogar sterben (Spitz 1957). Die Pflegeperson wird zur „Mutter", auch dann, wenn sie nicht die leibliche Mutter ist.

In der zweiten Hälfte des ersten Lebensjahres gewöhnt sich das Kind jedenfalls an seine Pflegeperson und erlebt sie im günstigen Falle wie eine allgütige, allgebende und keine Bedingungen stellende Person, die selbst glücklich darüber ist, daß das Kind lebt, sich regt, ißt und ausscheidet und seinerseits zufrieden ist. Sie wirkt für das Kind wie eine gute Fee, eine Göttin oder auch ein guter Gott. Auf das Geschlecht der Pflegeperson kommt es dem Kind zunächst nicht an, obwohl die „Dienstleistungen" einer weiblichen Person unter sonst vergleichbaren Umständen meistens besser sind als jene eines männlichen Betreuers. Dies gilt erst recht, wenn ein besonders starkes oder spontanes Interesse an dem Kind gegeben ist, wie man dies etwa von leiblichen Eltern in der Regel erwarten darf. Auch bei Adoptiveltern erweist sich allerdings die Mutter in der Regel als die bessere Betreuerin als der Vater. Sie drängte, insbesondere im Falle von eigener Kinderlosigkeit, auch meistens stärker auf Adoptierung eines Kindes überhaupt als ihr Mann.

Mit dem Ende des ersten Lebensjahres kann das Kind einfache Hantierungen an der Mutter, beim Essen und mit Spieldingen selbst durchführen. Es hat auch sitzen, kriechen, robben, rocken und stehen gelernt. Es ist sozusagen im Begriff, die Krippe aus eigener Initiative zu verlassen und in der Umgebung umherzuwandern. Es versteht einige der sprachlichen Äußerungen, welche die Mutter in der Regel im Überfluß produziert, auf ihren speziellen Sinngehalt (etwa „mam" für Mutter und Essen), den großen Rest immerhin in ihren Konnotationen, sozusagen als die Begleitmusik der Handlungskontakte mit der Mutter.

3.4.1.2. Die anale oder Aktivitätsphase

In der analen oder Aktivitätsphase des Kindes (zweites und drittes Lebensjahr) kommt das Kind seinen Familienmitgliedern, insbesondere eventuellen älteren Geschwistern, zunehmend ins Gehege. Deren „Besitztümer" sind nicht mehr sicher vor dem kleinen, herumstolpernden Geschwister, aber manches läßt sich regeln, wenn nötig, mit physischer Gewalt. Ihre mildeste Form ist die Beseitigung der Möglichkeit zur Besitzstörung, indem man das teuerste und heikelste „Eigentum" vor dem Kind versteckt oder wegsperrt. Man kann aber mit dem Kind auch verhandeln und Gegenleistungen fordern. Wenn man etwas haben will, muß man auch bereit sein, etwas zu geben, erfährt das Kind. Absprachen darüber werden möglich.

Das Kind lernt im Laufe des zweiten Lebensjahres, sich in einfachen Zwei- und Drei-Wort-Sätzen auszudrücken, die meist noch kindertümlich und nur für die Familienmitglieder verständlich sind, nicht für Gäste. Gegen Ende des dritten Lebensjahres spricht das Kind in der Regel so artikuliert, daß auch Gäste es verstehen können. Seine Äußerungen sind mitunter viele Worte lang. Auch Satzverbindungen und sogar Satzgefüge mit Nebensätzen sind möglich („Bubi geht fort, weil er nicht spielen will"). Das Kind beginnt sogar, die persönlichen Fürwörter richtig zu gebrauchen und sich selbst mit „ich" zu bezeichnen (nicht mehr: „Bubi geht fort", sondern: „Ich geh fort").

Jedenfalls kann es mit Familienmitgliedern auch über Macht- und Besitzfragen verhandeln. Wetteifer mit Familienmitgliedern, Leistung, Können und die Produktion von Werken spielen nun für das Kind in den Auseinandersetzungen mit den Familienmitgliedern eine zunehmende Rolle. Dabei gibt es aber nicht nur Konkurrenz, sondern auch Parteinahmen und Koalitionen. In diesen zählen allerdings vorwiegend die Machtpositionen der Beteiligten, noch nicht deren Geschlecht.

In der analen oder Aktivitätsphase lernt das Kind auch Reinlichkeit. In den Auseinandersetzungen darüber (die etwa so häufig oder für die Eltern „zeitraubend" sind wie die Auseinandersetzungen über das Essen) erfaßt das Kind das Interesse der Eltern (und älteren Geschwister) an diesen seinen Vorgängen und an den besonderen Formen, die dabei eingehalten werden sollen. Es kann in zunehmendem Maße diese Vorgänge ankündigen, gewinnt mehr und mehr Kontrolle über sie, kann sie auch als Machtmittel gegenüber den Eltern verwenden (durch Zurückhaltung der Ausscheidung oder durch Vollzug in ungelegenen Momenten) und erreicht im allgemeinen mit dem Ende des dritten Lebensjahres „Zimmerreinheit". Es braucht keine Windeln mehr, weder bei Tag noch bei Nacht. Mißgeschicke werden immer seltener.

3.4.1.3. Die ödipale oder Liebesphase

In der ödipalen oder Liebesphase des Kindes, die sich etwa über das vierte und fünfte Lebensjahr erstreckt, entdeckt das Kind zusätzlich zu den Freuden des Essens, des Schauens und Lauschens, der körperlichen Berührung etc. (die in der oralen Phase beginnen), des Laufens, Springens und Herumtollens, Hantierens, Werfens etc. sowie des Ausscheidens (die erst in der analen Phase aktiver entwickelt werden) auch die Freuden der sexuellen (genitalen) Stimulation und Betätigung (Freud 1916/1917). Das Kind ist nicht nur an seinen Sexualorganen, sondern heimlich oder deutlicher auch an denen seiner Eltern und Geschwister interessiert, entdeckt den anatomischen Geschlechtsunterschied zwischen Mann und Frau und identifiziert sich selbst als Junge oder Mädchen, die Eltern als Mann oder Frau. Bis dahin konnte es vielleicht noch glauben, daß man sich sein Geschlecht letzten Endes selbst wählen kann. Es verhält sich fortan zunehmend unterschiedlich gegenüber Familienmitgliedern und anderen Personen, je nachdem, ob es sich um solche des gleichen oder des anderen Geschlechtes handelt.

Der Junge schränkt seine Leistungs- und Wettbewerbsstrebungen mehr oder weniger auf männliche Personen ein. Frauen umwirbt man eher, macht ihnen Geschenke oder tut, was sie von einem verlangen. Sie gefallen einem, man will ihre Gunst und Gewogenheit. Das ist Grund genug. Nur mit jenen, die einen nicht interessieren, rechtet man unter Umständen genau so wie sonst mit Jungen und Männern.

Das Mädchen beschränkt sich in seinen Rivalitätsgefühlen ebenfalls in wachsendem Maße auf Personen des eigenen Geschlechts, wenn man davon absieht, daß es vorübergehend den Jungen auch neidet, daß sie Jungen sind. Früher oder später findet sie sich mit ihrem Geschlecht jedoch ab. Wenn sie schon kein Junge ist, kann sie immerhin Jungen als Freunde und Verehrer haben. Und wenn sie kein so deutliches Sexualorgan wie die Jungen hat, dann kann sie doch etwas, was Jungen nie und nimmer können: Kinder bekommen.

Wie man Kinder bekommt, was die Eltern miteinander tun, wenn sie allein sind, wie sie selbst, die Kinder, entstanden sind, darüber wundern sich die Kinder in zunehmendem Maße, und danach werden auch andere befragt, insbesondere die Eltern, sofern diese zu erkennen geben, daß sie darauf Antworten haben. Der Junge erwägt auch Möglichkeiten, wie man den Vater entfernen und die Mutter für sich zu behalten vermag, das Mädchen, wie es zumindest manchmal die Mutter los wird und ganz alleine über den Vater verfügen kann. Solche Beseitigungswünsche des gleichgeschlechtlichen Elternteils sind, ähnlich wie etwa gegenüber nachkommenden Geschwistern, praktisch unvermeidlich, werden aber in einem günstigen Familienmilieu bald überwunden. Man ist in der Hauptsache doch froh, daß man beide Eltern hat, auch daß man die Geschwister hat, selbst wenn es manchmal Ärger mit ihnen gibt. Der Verlust eines Elternteils wäre langfristig keine Wunscherfüllung, sondern ein Trauma.

Jungen identifizieren sich, wie schon gesagt (S. 53 f.), mit ihren Vätern, Mädchen mit ihren Müttern. Das hilft, den nicht erfüllbaren Teil ihrer Wünsche an die Eltern zu ertragen. Wenn man nicht alles das von der Mutter bekommt, was sie dem Vater angedeihen läßt, dann kann man immerhin so werden wie der Vater. Vielleicht bekommt man auf diese Weise doch noch etwas mehr von der Mutter. Wenn der Vater die Tochter zwar lieb, aber die Mutter immer noch lieber hat, kann die Tochter ihre Chancen verbessern, wenn sie so wie die Mutter wird. Solche Identifikationen mit den gleichgeschlechtlichen Elternteilen haben außerdem die Eltern gerne. Das ergibt in ihren Augen „brave" Kinder.

3.4.2. Die späte Kindheit und frühe Jugend

Die späte Kindheit und frühe Jugend wurde von Freud auch die Latenzphase genannt (Freud 1916/17), weil in ihr die sinnlichen Interessen an den Eltern und Geschwistern in den Hintergrund treten. Die Phase erstreckt sich ungefähr vom sechsten bis zum zwölften Lebensjahr. Sie endet mit der Pubertät.

Das Kind verläßt nun für zunehmend längere Zeitstrecken, in der Regel für mehrere Stunden am Tag, das Elternhaus. Es ist im Kindergarten, später in der Schule und, entweder unter lokkerer Aufsicht durch ein Familienmitglied oder allein, auch auf Spielplätzen. Es kann Trennungen von der Familie ausnahmsweise bis zu einem vollen Tag ertragen, darüber hinaus zunächst noch nicht oder nur nach besonderen Vorbereitungen und Überleitungen. Zu diesen gehört vor allem die Begleitung von vertrauten Personen, speziell von Familienmitgliedern, mindestens einem, für die ersten Stunden oder den ersten Tag einer längeren auswärtigen Unterbringung. Je vertrauter allerdings jene Personen ihrerseits sind, bei denen das Kind einquartiert wird (Onkel und Tanten, Großeltern), desto kürzer können diese Begleitungen durch unmittelbare Familienmitglieder sein, desto eher sind sie vielleicht sogar entbehrlich.

Manche Kinder müssen sich schon früher an längere tägliche Abwesenheiten von ihren Eltern gewöhnen, als hier erwähnt wurden. Beide Eltern könnten beispielsweise berufstätig sein und geben das Kind in eine Tageskrippe. Oder die Kinder sehen ihre Eltern nur zum Wochenende. Solche Lebensbedingungen sind belastend für das Kind. In dem Ausmaß, als es sich daran gewöhnt, entfremdet es sich den leiblichen Eltern. Der Ort und die Personen, bei denen es die meiste Zeit zubringt, werden sein Heim und seine Hauptbezugspersonen. Die Eltern verwandeln sich psychologisch in Onkel und Tanten.

Noch belastender und traumatischer sind für das Kind Verluste der Eltern und der Transfer zu Ersatzeltern. Über Verluste wurde bereits gesprochen (S. 64 ff.). Wenn solche Verluste zu einem Zeitpunkt eintreten, da das Kind schon im Kindergarten oder in der Schule ist, kann ihm diese unter Umständen bei der Bewältigung des Verlustes oder der Gewöhnung an Ersatzpersonen behilflich sein. Die Schule bleibt sozusagen unverändert. Lehrer und Schüler sind auch nach dem Verlust der Eltern die gleichen.

Der Verlust der Eltern wäre noch tragischer, wenn gleichzeitig auch die Schule gewechselt würde. Trotzdem darf man die Hilfe, die von der Schule, den anderen Kindern und den Lehrern kommen mag, nicht überschätzen. Kinder und Lehrer können dem Kind zwar durch besondere Toleranz und durch Verständnis für seine Nöte beistehen, aber die eigentliche Verarbeitung des Verlustes geschieht zu Hause, im alten oder im neuen Heim des Kindes.

Daß die Schule zumindest anfangs im Vergleich zum Elternhaus von sekundärer psychologischer Bedeutung ist, kann man übrigens unter anderem aus dem Umstand entnehmen, daß Angst vor der Schule, die sogenannte Schulphobie, die Weigerung des Kindes, in die Schule zu gehen bzw. dort zu bleiben, in der überwiegenden Mehrzahl der Fälle weniger eine Angst vor der Schule ist als davor, was während der Schulzeit daheim passieren könnte. Das Kind ist sich seiner Eltern und seines Zuhause nicht sicher. Es hat Zweifel über die Zuneigung der Eltern zueinander oder zu ihm selbst, zum Kind. Ein Familienmitglied könnte davonlaufen. Das Kind könnte zu Hause nicht mehr eingelassen werden. Das Zuhause könnte auseinanderbrechen oder verschwinden.

Im günstigen Falle erweitert das Kind in dieser Entwicklungszeit, der Latenzzeit, seine Kenntnisse von der Welt und von Personen außerhalb seiner Familie enorm. Seine sprachliche, intellektuelle und motorische Entwicklung erreicht mit dem 11. und 12. Lebensjahr das Niveau eines jungen Erwachsenen, auch wenn die Anwendung dieser Fähigkeiten und der Aufbau eines Weltbildes, eines brauchbaren „erwachsenen“ Realitätskonzeptes, gerade erst beginnt. Die emotionale Entwicklung ist während der Latenzphase „flacher“ geworden. Nicht so sehr die Gefühle, sondern sachliche Zusammenhänge zwischen den Menschen und zu den Dingen überwiegen in den Beziehungen der jungen Menschen. Das ändert sich erst mit der Pubertät.

Im übrigen kann der junge Mensch jetzt, im 11. oder 12. Lebensjahr, auch über lange Wochenenden, für eine Woche, zur Not sogar für mehrere Wochen die Eltern entbehren, wenn er dafür im Kreise seiner Kameraden und Kameradinnen sein darf. Es müssen nicht einmal die vertrauten Schulkameraden sein. Auch ein Sommer-Camp, ein Ferienheim, eine Gruppenfahrt, bei denen man mit vielen neuen und einigen vertrauten Kindern zu tun hat, schreckt nicht mehr. Die anderen sind ja in der gleichen Situation. Sie sind ebenfalls fort von zu Hause. Darin versteht man sich ohne viele Worte.

3.4.3. Die Adoleszenz

In der Pubertät werden die Jugendlichen durch die relativ raschen körperlichen und hormonalen Veränderungen beunruhigt. Sie erleben, daß mehr in ihnen selbst vorgeht als sonst. Sie spüren in einem stärkeren Maße als in der ödipalen Phase geschlechtliche Regungen und gefühlsmäßige, sinnliche und auch intellektuelle Interessen, für deren Erfüllung sie sich erst Personen suchen müssen. Die Eltern und Geschwister genügen nicht mehr, aber auch die von der Schule und den Spielplätzen her vertrauten Personen sind sozusagen durch lange Gewöhnung tabuiert. Sie kommen als Liebesobjekte nicht in Frage. Jemand nur wenig Vertrauter oder erst seit kurzem Vertrauter oder eine völlig fremde Person kann dagegen den jugendlichen Menschen faszinieren. Wenn diese Person aus einer den Eltern bekannten Umgebung kommt, etwa aus der Nachbarschaft, wenn auch die Familie dieser Person den Eltern bekannt ist, hemmen sie den Jugendlichen nur mäßig. Er oder sie darf den Kontakt mit der anderen Person suchen. Dieser Kontakt soll allerdings nicht zu häufig und nicht zu intensiv sein. Mit Intimerfahrungen sollen sie noch warten, bis sie wissen, ob der angestrebte Partner „der Richtige“ ist. Und ihre Schule, ihre Ausbildung, ihre Lehre etc. dürfen sie darüber nicht vernachlässigen.

So etwa lauten die Vorstellungen der Eltern (und eventuell der älteren Geschwister) im günstigen Falle. Wenn die vom Jugendlichen angestrebte Person nicht aus der Nachbarschaft stammt, wenn ihre Herkunft anders oder unbekannt ist, wenn sie erheblich älter ist, wenn man nichts über ihren Lebensunterhalt, ihre Berufstätigkeit, ihre langfristigen Absichten weiß, hemmen die Eltern den Jugendlichen in der Regel kräftiger. Auch wenn es nicht eine, sondern mehrere Personen sind, wenn es eine Gruppe oder eine Bande ist, die ihn verlocken, wenn man nichts, oder zumindest nichts Gutes, über diese Gruppe weiß, versucht die Familie, ihren Sprößling zu bremsen. Die Mittel der Beeinflussung erstrecken sich von der Äußerung von Bedenken und Fragen bis zum ausdrücklichen Verbot und zu Sanktionen für den Fall, daß die unerwünschten Liebesobjekte nicht gemieden werden.

Im günstigen Falle, also dann, wenn der jugendliche Mensch den Kontakt mit Personen sucht, die die Eltern im großen und ganzen billigen, stürzt er sich nicht gleich mit diesen Personen ins Bett. Man darf vielmehr erwarten, daß während der ersten zwei, drei und mehr Jahre nach dem Beginn der Pubertät der Jugendliche mehr über die Liebe redet und sich erzählen läßt bzw. aus der Literatur, dem Theater und den Massenmedien (Zeitung, Film, Radio und Fernsehen) erfährt, als er selbst praktiziert. Das gilt zumindest für Jugendliche aus intakten Familien, die in einigermaßen geordneten finanziellen Verhältnissen leben. In dieser Zeit müssen die Eltern allerdings platonische Schwärmereien, auto-erotische Praktiken und manchmal auch

Interessen an Personen des gleichen Geschlechtes in Kauf nehmen. Diese sind dort, wo sie auftreten, meist nicht von langer Dauer. Heterosexuelle Interessen schlagen in der Regel durch, sobald die Möglichkeiten für solche vom Jugendlichen sondiert sind.

In diesen Jahren der Pubertät und anschließenden Adoleszenz, also im Jugend- und frühen Erwachsenenalter, erfahren die meisten jungen Menschen über die Freuden und Vergnügungen heterosexueller Beziehungen. Bis zum 19. oder 20. Lebensjahr hat die überwiegende Mehrzahl aller jungen Männer und Frauen heterosexuelle Beziehungen begonnen oder zumindest versucht. Dabei tendieren junge Frauen stärker zur Bindung an nur einen Mann als Männer zur Bindung an nur eine Frau, aber auch Männer sind zur monogamen Bindung im Prinzip bereit und fähig. In beiden Fällen kommt es auf die psychologische Verträglichkeit der Liebespartner an. Diese ist im allgemeinen um so größer, je mehr Dimensionen und Aspekte des Zusammenlebens sie umfaßt. Körperliche Erscheinung, Sprache, Erziehung, soziale Herkunft, Interessen und Begabungen, ethnische und weltanschauliche oder religiöse Bindungen, Lebens- und Rollenerfahrungen in der Herkunftsfamilie und in den ursprünglichen Freundeskreisen zählen zu diesen Dimensionen und Aspekten.

Solange die jungen Partner nicht verheiratet sind oder ständig zusammenleben, sind auch ihre Intimkontakte miteinander sozialen und räumlichen Behinderungen ausgesetzt. Die Eltern der Herkunftsfamilie fördern die jungen Menschen dabei jedenfalls in der Regel nicht. Auch die eigenen Zimmer der Kinder im Elternhaus sind, wenn es nach den Eltern ginge, nicht für Intimkontakte mit Liebespartnern gedacht. Der adoleszente Mensch sollte sich eigentlich dort nicht einmal einschließen, wenn er allein ist, meinen die Eltern, und erst recht nicht zu zweit. Das gilt selbst dann, wenn sie ihm generell seine Privatsphäre zubilligen und anklopfen, ehe sie in sein Zimmer treten. Adoleszente Liebespartner müssen sich vielmehr für ihre Intimkontakte eher verstecken bzw. Möglichkeiten auswärts suchen, etwa bei

Bekannten, in Wohngemeinschaften, auf Reisen und Wanderfahrten, an geschützten Plätzen der freien Natur, sofern das Wetter dies zuläßt, in Hotelzimmern oder, wie etwa in der wohnraumarmen Sowjetunion, in Schlafwagenabteilen. Dort fahren junge Liebespaare beispielsweise eine Nacht lang nach Leningrad und die nächste Nacht wieder an ihren Heimatort zurück.

Adoleszenz besteht nicht nur aus Liebeskontakten. Diese nehmen vielmehr nur einen kleinen Teil ihrer Zeit in Anspruch und sind auch aus den genannten Gründen oft recht unregelmäßig verteilt. Den jugendlichen Menschen beschäftigen Schule und Beruf, soziale Kontakte mit Kollegen und Freunden, Einzel- und Mannschaftssport, Fahrzeuge, Tanz, Musik, Kunst, Literatur, Reisen usw. Er wächst langsam in die Erwachsenenwelt hinein und beginnt, zuerst unter Protesten und Identitätskrisen (Erikson 1959), allmählich aber doch in größeren Ausschnitten und zuletzt insgesamt die Welt so zu sehen wie ein erwachsener Mensch. Er ahmt nicht mehr Vorbilder nach, zwischen denen er zunächst wechselte und deren Wahl seine Eltern zum Teil nicht begreifen konnten. Er amalgamiert seine verschiedenen, probeweise eingenommenen Rollen, seine Identifikationen mit einer oder mehreren Idol-Personen in seine „eigene Persönlichkeit". Er weiß selbst, was er will, und seine Lebens-, Freundschafts-, Liebes- und Berufsziele stehen sich nicht mehr gegenseitig im Wege. Sie sind verträglich miteinander geworden.

3.4.4. Die Ablösung von der Herkunftsfamilie

Von der Kindheit an wird, wie auch aus unseren Beschreibungen hervorging, der Mensch unabhängiger von seiner Familie. Er kann ihrer für immer längere Strecken entbehren. Außerfamiliäre Personen werden zusätzlich zu den Familienmitgliedern wichtig für ihn, manchmal schon in der Latenzzeit, häufig in der Adoleszenz subjektiv und kurzfristig sogar wichtiger als auch das liebste Familienmitglied. Die ersten Verliebtheiten, vor allem aber die erste große Liebe erleben manche Adoleszente wie eine Offenbarung, hinter der alle bisherigen Lieben verblassen.

Das hält allerdings meist nicht an. Auch die erste große Liebe selbst geht vorüber. Sie wird entweder nüchterner und sachlicher. Sie verwandelt sich in einen Dauerzustand der liebenden Partnerschaft. Oder sie endet überhaupt. Enttäuscht, mindestens gewitzigt und mit mehr Vorsicht werden neue Bindungen versucht.

Bei diesen zunehmend längeren Abwesenheiten eines heranwachsenden Kindes und Jugendlichen von der Familie sind Kräfte oder Motive in der Familie am Werk, die erschwerend oder auch erleichternd wirken können. Im allgemeinen lassen die Eltern ihren Sohn oder ihre Tochter sich in dem Ausmaß aus der Familie entfernen, das von den Kindern gewünscht wird. Sie bremsen ihr Kind nur, wenn sie glauben, daß dieses seine Vorhaben außerhalb der Familie vielleicht nicht schafft, daß sie ihm Gefahr oder zu große Enttäuschungen bringen könnten. Und sie ermuntern ihre Kinder mitunter zu kleinen Abenteuern ohne Eltern und außerhalb des Elternhauses, wenn sie meinen, daß ihre Kinder mehr als andere Kinder zu Hause hängenbleiben, daß sie sich von ihren Eltern zu wenig frei machen wollen.

Eltern möchten, daß ihre Kinder unabhängig werden, nicht über Nacht, aber allmählich, mit laufenden Rückmeldungen darüber, wie es ihnen, den Kindern, bei ihren jeweiligen Versuchen ergangen ist. Sie möchten aber ihre Kinder auch behalten. Sie möchten sie nicht ziehen lassen, nicht an andere Personen verlieren. Beide Motive der Eltern sind an sich normal. Ihre Befriedigungen bzw. die Kompromisse zwischen diesen beiden Interessen der Eltern müssen zwischen ihnen und den Kindern zunächst sozusagen von Mal zu Mal ausgehandelt werden. Mit zunehmender Erfahrung aller Beteiligten in der Welt und miteinander schleifen sich diese Verhandlungen allerdings ein und brauchen in vielen Situationen überhaupt nicht mehr geführt zu werden. Das meiste versteht sich vielmehr von selbst. Erst, wenn Sondersituationen auftreten, wenn die Kinder *zu viel*

Unabhängigkeit und Freiheit wollen oder auch in ihrem Freiheitsstreben aufgrund von Enttäuschungen nachlassen, sich auf die Familie oder in eine unliebsame Enklave außerhalb der Familie zurückziehen, kommt es wieder zu expliziten Auseinandersetzungen und neuerlichen Verhandlungen.

Wenn eine Familie mehrere Kinder hat, fällt den Eltern das Auslassen der Kinder im allgemeinen leichter als bei nur einem oder zwei Kindern. Wenn das erste geht, bleiben ihnen noch die übrigen Kinder eine Weile erhalten. Das tröstet sie. Der Weggang des zweiten ist bereits leichter hinzunehmen, des dritten auch, und wenn ihnen gar kein Kind mehr zurückbleibt, dann hat sich die Wahrscheinlichkeit von Enkelkindern stark erhöht. Lediglich beim Weggang des einzigen Mädchens unter mehreren Jungen oder des einzigen Jungen unter mehreren Mädchen haben es die Eltern vielleicht noch einmal ein wenig schwerer.

Auch für die Kinder ist der Weggang vom Elternhaus kein ungeteiltes Vergnügen. Die zweit- und später geborenen Kinder nehmen sich allerdings in der Regel den Weggang des erstgeborenen mehr oder weniger zum Vorbild. Sie bekommen von diesem mitunter sogar Ermunterungen und Starthilfen. Fast bei allen bedeutet der Weggang vom Elternhaus allerdings keine permanente Trennung. Die Kinder kommen zu Besuch. Ihr Sitz im Elternhaus, ihr Zimmer oder zumindest ihr Bett und ihr Schrank, bleiben ihnen erhalten.

Nicht selten sind sie zunächst von finanziellen und anderen Zuschüssen ihrer Eltern abhängig. Wenn sie sich noch in Ausbildung befinden, ist dieser Abhängigkeitszustand sogar besonders eklatant und für die jungen Menschen mitunter auch belastend. Eltern üben mit ihren Unterstützungen auch eine Kontrolle über ihre Söhne und Töchter aus. In der Natur solcher finanzieller Unterstützungen liegt ein gewisses Mitspracherecht der Geldgeber und eine gewisse Berichterstattungs- und Verwendungsnachweispflicht der Kinder. Wo die Eltern dieses Recht nicht ausüben, sind sie entweder von ihren Kindern oder auch von anderen „Agenten" eingeschüchtert, oder aber ihre Kinder sind ihnen gleichgültig. Sie geben ihnen Geld, damit sie nicht anderweitig von ihnen belästigt werden. Sie, die Kinder, sollen tun, was sie wollen. – Wenn die Eltern keine finanzielle Unterstützung für ihre noch in Ausbildung begriffenen Kinder bieten, dann kommt in der Bundesrepublik und einigen anderen Nationen die öffentliche Hand zu Hilfe. Sie zahlt entweder selbst oder sie nötigt die Eltern zur Erfüllung ihrer Zahlungspflichten.

Auch die längsten Ausbildungsgänge haben aber einmal ein Ende. Für viele junge Menschen tritt dieser Zustand vor dem 20. Lebensjahr ein, für akademische Laufbahnen oder solche, die ihnen ähnlich sind oder sein wollen, oft erst zwischen dem 25. und 30. Lebensjahr. Manche leben zu diesem Zeitpunkt schon im eigenen Hausstand mit einem Partner oder in einer Ehe. Sie haben mitunter schon ein Kind. Der Übergang zur Selbstversorgung ist eingeleitet, aber er dauert bei einigen länger an und bereitet ihnen manchmal Schwierigkeiten. Trotzdem erleben es die meisten solchen Paare und jungen Berufstätigen als eine Erleichterung, letzten Endes autark zu sein, und wenn sie Kredite eingegangen sind, um so weit zu kommen, fangen viele schon jetzt mit der Rückzahlung an.

Nur wenige schaffen den Wechsel zur Eigenleistung, zur gesellschaftlichen und wirtschaftlichen Produktivität nicht, auf die hin sie ja bisher von ihren Eltern, von Verwandten und Freunden oder von der Öffentlichkeit finanziert wurden. Sie glauben, daß es immer so weitergehen muß wie bisher, daß die Gesellschaft dafür, daß sie überhaupt ins Leben gesetzt wurden, ihnen die leibliche Versorgung noch viel länger, letzten Endes bis zum Lebensende schuldet. Sie wollen weiterlesen, weiterplaudern, weiterlieben, weiterruhen, auch weitertrinken oder -rauchen oder (Rauschgift) weiterspritzen, wenn die Vergnügungen des Alltags nicht mehr ausreichen, um sie bei guter Laune zu halten. Sie sind die Kandidaten für diverse fürsorgerische, psychotherapeutische, sozialtherapeutische und mitunter strafrechtliche Hilfsmaßnahmen, und diese können ihnen manchmal auch nicht mehr helfen.

In der überwiegenden Mehrzahl der Fälle gelingt, wie gesagt, der Übergang zu Selbständigkeit, zum eigenen Beruf und zur finanziellen Autarkie der jungen Erwachsenen. Sie finden Lebenspartner und heiraten mit Starthilfen vom Staat und von der Familie, aber danach wollen sie die Dinge selbst machen. Sie haben auch ihre eigene Wohnung. Wenn jemand zu ihnen kommen will, soll er sich ankündigen und, wenn nötig, auch abgewiesen werden können. Das betrifft sogar ihre eigenen Eltern. In der Regel finden sie aber auch dafür Arrangements, die beide Parteien akzeptieren können. Ein gewisser Kontakt mit den Eltern bleibt meistens aufrecht, und in den kleinen Nöten und Konflikten des Alltags, insbesondere wenn diese auch mit den eigenen Kindern zu tun haben, ist die Hilfe der Eltern nach wie vor willkommen. Es muß allerdings Hilfe nach Bedarf sein. Die Eltern sollen sich nicht aufdrängen.

3.5. Entwicklungsstörungen des Familienlebens

In diesem Entwicklungsprozeß, der von der Partnerwahl der Eltern und der Geburt eigener Kinder bis zu deren Ablösung und eigener Familiengründung führt, kann vieles schieflaufen. Die Möglichkeiten von Störungen sind in der Tat so vielfältig und manchmal so groß, daß man sich als wissenschaftlicher Beobachter wundern könnte, wieso es überhaupt zu Familiengründungen kommt und wieso es so viele Menschen schaffen.

Wir dürfen annehmen, daß hier elementare biologische, psychologische und gesellschaftliche Kräfte zusammenwirken.

Der Empfang von Fürsorge und Mutterliebe als kleines Kind, heterosexuelle Liebesinteressen und spezifische sexuelle Bedürfnisse des Jugendlichen und Erwachsenen, schließlich der eigene „Instinkt" zur Fürsorge und Mutterliebe, für den Frauen unmittelbarer zu haben sind als Männer, dem aber auch Männer nicht entgehen, stellen die biologischen Komponenten dar (Lorenz 1939, 1943, 1952, Tinbergen 1951, 1953, Harlow 1958).

Die psychologischen Kräfte wurzeln in der ungeheuren Vielfalt von Erfahrungen, welche der Mensch machen und ordnen, von denen er auf andere Situationen übertragen, verallgemeinern und abstrahieren kann, sowie in seiner Fähigkeit, diese Vorgänge auch sprachlich abzubilden und sich mit anderen Menschen darüber zu verständigen (Freud 1916/17, Bühler 1930, Tolman 1932, Hull 1943, Hilgard und Bower 1966, Chomsky 1957, 1965, Hörmann 1970 und andere).

Die gesellschaftlichen Kräfte schließlich führen in allen Formen menschlichen Zusammenlebens, auch in den primitivsten, zu Institutionalisierungen der biologischen und psychologischen Kräfte, zu Gruppenhandlungen und -handlungsfolgen, Gewohnheiten, Ritualen und Gesetzen, schließlich zu langfristigen Zielsetzungen für die „Gruppe", in denen der Selbstschutz dieser Gruppe sowie die Erhaltung des Nachwuchses unabdingbar sind. Dort, wo sie einer Gruppe dennoch abgedungen werden, geht sie zugrunde, gleichgültig ob es sich um eine Familie, einen Klan, einen Stamm oder ein ganzes Volk handelt. Die Gruppe hört auf zu existieren. Ihre Individuen werden zerstreut oder sterben aus.

Trotz dieser elementaren biologischen, psychologischen und gesellschaftlichen regulierenden Kräfte bestehen nicht unerhebliche Schwierigkeiten und Gefahren für das Familienleben. Partnerwahlen können ungünstig sein. Die Liebes- und Ehepartner entdecken bald oder erst im Laufe der Zeit, daß sie voneinander nicht bekommen, was sie sich erhofften. Sie haben Konflikte miteinander. Diese können auf unterschiedliche ethnische oder sozio-ökonomische Herkunft, auf unterschiedliche Bildung, Sprache oder Religion zurückzuführen sein. Selbst wenn keine großen Unterschiede in diesen Hinsichten vorliegen, können die Ehepartner nach körperlicher Erscheinungsform und Konstitution, nach Temperament, nach ihren Grundbedürfnissen und Interessen einschließlich ihrer sexuellen und Liebeswünsche unverträglich miteinander sein. Das bedeutet nicht, daß die Partner nicht verschieden voneinander sein dürfen. Gewisse Gegensätze ziehen sich an und ergänzen sich in der Partnerschaft. Wenn aber einer äußerst lebhaft und der andere passiv und depressiv ist, wenn einer im Urlaub fremde Länder bereisen, der andere lieber auf einem Bauernhof sein möchte, wenn einer die Gesellschaft vieler Menschen liebt und der andere sie haßt, liegen offensichtlich Konflikte vor.

Solche Konflikte lassen sich allerdings in der Regel schon in den Anfängen der Bekanntschaft erkennen und klären. Oft bleiben die Partner nicht beisammen. Manchmal ist jedoch die Liebe und die sexuelle Attraktion der Partner kurzfristig so groß, daß sie sich über solche Konflikte hinwegsetzen. Sie finden dann in der Regel bald heraus, daß Liebe nicht nur sexuelle Attraktion ist, daß das Zusammenleben auch andere Aspekte und Komponenten hat und daß, zeitlich gesehen, diese anderen Aspekte sogar überwiegen. Nicht einmal in den Flitterwochen nehmen die intimen Beziehungen mehr als einen kleinen Teil der Betätigungen und Beziehungen des jungen Paares ein.

Andere Konflikte der Partner hängen mit deren Beziehungen zu ihren Eltern und zu ihren eigenen Geschwistern zusammen. Hier gilt, daß sozusagen niemand ohne seine Eltern heiraten kann, auch wenn er dies in räumlicher Ferne der Eltern, in Unkenntnis derselben oder sogar gegen deren ausdrücklichen Widerstand tut. Auch der Wunsch, nie wieder mit den Eltern in Berührung zu kommen, ist ein solcher Einfluß der Eltern, und sogar die frühe Absenz von Eltern, der Umstand, daß man von ihnen verlassen wurde und überhaupt keine Gefühle für diese Eltern hat, stellt einen Einfluß dar, dem man kaum entgehen kann.

Ähnliches gilt von den Einflüssen, welche Geschwister auf einen ausgeübt haben, und von der Rolle, die man innerhalb des Geschwisterverbandes einnahm. Dabei ist es von sekundärer Bedeutung, ob man eine gute oder eine schlechte Beziehung zu manchen oder allen von ihnen hatte. Auch eine schlechte Beziehung, von der man wegkommen, mit der man nichts zu tun haben möchte, zwingt den Betreffenden zu Vermeidungsbemühungen, zu Ausweich- und Vergessensmanövern. Selbst diese sind Geschwistereinflüsse. Sogar das Fehlen von Geschwistern beim Einzelkind stellt, wenn man will, einen solchen Einfluß dar. – Im übrigen ist auch eine schlechte Geschwisterbeziehung immerhin eine vertraute Beziehung. Ihrem Vorbild kann man in neuen Beziehungen im Grunde leichter folgen als ihrem unvertrauten Gegenteil, auch wenn dieses „theoretisch besser" wäre.

3.5.1. Einflußformen in der Familie

Die Einflüsse der Eltern und Geschwister wirken auf mehrere Arten:

1. Als Fortdauer der ursprünglichen Beziehung, gleichgültig wie verdünnt und partiell diese unter den vielen neuen Beziehungen geworden ist, die man außerhalb der Familie gestiftet hat: Für die Eltern bleibt man in Spuren immer der kleine Junge oder das kleine Mädchen, die man einmal war, auf jeden Fall aber der Sohn bzw. die Tochter, für die Geschwister der (ältere oder jüngere) Bruder bzw. die (ältere oder jüngere) Schwester. Selbst wenn sich die Lage völlig verändert hat und etwa die Eltern alt und gebrechlich geworden sind, versuchen diese oft, ihre Elternrolle aufrechtzuhalten und für ihre Kinder auch jetzt noch verantwortlich und fürsorglich zu sein. Auch ältere Geschwister trachten einen weiter zu betreuen, jüngere Geschwister, sich von einem selbst oder von anderen älteren Geschwistern betreuen und helfen zu lassen. Man soll zumindest manchmal immer noch jene Dinge tun, die sie, die Eltern, für gut halten.

2. Als unwillkürliche Vorbilder für eigene neue Beziehungen außerhalb der Familie. Das kann allerdings zweierlei bedeuten:

a) Entweder sucht man andere Personen nach dem Vorbild einer Person im ursprünglichen Familienverband und strebt eine Beziehung an, in der der Partner an die Stelle dieser Person tritt: Ein von seinen Eltern abhängiger und anlehnungsbedürftiger junger Mann, vielleicht ein Einzelkind, sucht sich beispielsweise eine Partnerin, die ihn bemuttern kann. Oder eine jüngste Schwester sehnt sich nach einem Freund, der sie wie ursprünglich ihr älterer Bruder behandelt. Oder ein älterer Bruder wählt eine Frau, die sanft und gehorsam wie eine seiner jüngeren Schwestern ist. – Man könnte in allen diesen Fällen auch sagen, daß man eine *ursprüngliche Familienbeziehung* auf eine neu auftretende Person außerhalb der Familie *überträgt.*

b) Oder man identifiziert sich mit einer Person aus dem ursprünglichen Familienverband (auch Vorbild oder Modellperson genannt) und verhält sich gegenüber anderen Personen so, wie die Modellperson im ursprünglichen Familienverband sich zu einem Mitglied der Familie oder zu einem selbst verhalten hat: Man behandelt beispielsweise eine andere Person (eine Freundin oder ein eigenes Kind) so, wie die Mutter die kleine Schwester behandelt hat oder wie man selbst von der Mutter behandelt wurde. – Anders formuliert, heißt das auch: Man *überträgt* eine *Identifikationsbeziehung* in der ursprünglichen Familie auf eine neue außerfamiliäre Person. Dabei gilt in der Regel, daß derjenige leichter einen solchen Rollentausch durch Identifikation vornehmen bzw. eine Identifikationsbeziehung übertragen kann, der schon früher, möglichst schon im ursprünglichen Familienverband, sich mit einer Person dieses Familienverbandes oft und erfolgreich zu identifizieren vermochte.

3. Als absichtliche Vorbildgaben für eigene neue Beziehungen außerhalb der Familie, die von den unwillkürlich gesetzten Vorbildern abweichen: Eine Mutter will beispielsweise gütig und mütterlich sein, schafft dies nicht, drängt aber eine ihrer Töchter in eine solche Rolle innerhalb der Familie.

Zum Unterschied von den unwillkürlichen Vorbildgaben, in denen Familienmitglieder andere durch das beeinflussen, was sie *sind,* wirken bei den absichtlichen Vorbildgaben Familienmitglieder auch durch das, was sie *sein möchten,* auf andere Familienmitglieder ein. Man kann von *oktroyierten Identifikationen* mit den Interessen und Wünschen anderer Familienmitglieder sowie von Projektionen solcher Interessen und Wünsche sprechen. Letzteres vor allem dann, wenn die oktroyierende Person diese Wünsche und Interessen bei sich gar nicht erkennt. Sie nimmt sie vielmehr (fälschlich) im anderen wahr. Im genannten Beispiel weiß die Mutter etwa nicht, daß sie selbst gütig und mütterlich sein möchte. Sie ist aber überzeugt, daß ihre Tochter so sein will. – Auch das, was sie haben möchten, aber selbst nie bekommen konnten, vermögen Familienmitglieder auf diese Weise an andere Familienmitglieder weiterzugeben.

Dabei gilt in der Regel, daß solche absichtlichen, aber unechten Einflüsse schwächer sind als die absichtlichen echten, diese wieder schwächer als die unwillkürlichen echten Einflüsse. Dennoch kann der Beobachter oder der Familientherapeut sie oft nicht ohne weiteres unterscheiden. Je konfliktreicher und affektiver allerdings das Zusammenleben in einer Familie ist und je stärker einzelne Familienmitglieder dadurch in psychische Bedrängnis kommen, desto wahrscheinlicher ist es, daß solche oktroyierten Identifikationen und Projektionen, also absichtliche und unechte Vorbildgaben im Spiele sind. Dabei üben Eltern eher als ihre Kinder, unter den Kindern ältere Geschwister eher als jüngere Geschwister solche absichtlichen Vorbildgaben aus.

Eine Person kann allen diesen Typen von Einflüssen zugleich unterliegen. Eine junge Ehefrau und Mutter kann beispielsweise von der Kinderrolle gegenüber ihrer eigenen Mutter nicht recht loskommen. Sie hat auch ihren Mann gewählt, um sich von ihm (ähnlich wie seinerzeit von ihrem eigenen älteren Bruder) beistehen zu lassen. Und sie möchte ihrem Kind, einer Tochter, ihrerseits eine so ähnliche Mutter sein, wie es ihre eigene Mutter war. Sie möchte vielleicht eine noch bessere Mutter sein und dem Kind manches erlauben, was ihr selbst als Kind verboten war.

Verschiedene Familienmitglieder können verschiedene, mitunter auch die gleichen Typen von Einflüssen ausüben. Die genannte junge Ehefrau und Mutter wurde von ihrer eigenen Mutter und von ihrem Bruder in der Abhängigkeitsrolle gefördert. Sie wollten, daß sie ein „kleines, liebes Mädchen“ sei. Ihr Vater hätte sie dagegen gerne unabhängiger und mütterlicher gehabt. Ihm behagte es, selbst von Frauen verwöhnt zu werden.

Eine Person kann in verschiedenen Situationen und gegenüber verschiedenen Personen in ihren neuen Beziehungen und in der selbst gegründeten Familie den gleichen oder verschiedenen

Typen solcher Einflüsse folgen. Die genannte junge Ehefrau und Mutter verhält sich beispielsweise ihrem Kind gegenüber mütterlich, wenn sie mit ihm allein ist, läßt sich aber selbst von ihrer Mutter mitbedienen, sobald diese zu Besuch kommt und sich um das Kind kümmert. Die junge Ehefrau ist ihrem Manne gegenüber nachgiebig und kindlich, ihrem Kinde gegenüber und vielleicht auch im Verkehr mit einer ihrer Freundinnen mütterlich, fürsorglich und richtungweisend.

Eine Person kann auch in gegebenen Situationen und gegenüber bestimmten Personen die Einflußtypen wechseln. Unsere junge Ehefrau könnte etwa ihrem Manne gegenüber dominanter und unabhängiger werden. Das, was ihr Vater von ihr wollte und was er von ihrer Mutter bekam, das kann sie auch ihrem Manne geben, obwohl sie sich das Leben mit ihm zunächst anders vorgestellt hatte. Die Identifikation mit ihrer Mutter, die sie auch ihrem Kinde gegenüber praktiziert, kommt ihr auch bei der Behandlung ihres Mannes zugute.

Alle diese Prozesse laufen unbewußt oder nur teilbewußt ab. Die Einflüsse der Ursprungsfamilie sind etwas Natürliches und Unvermeidliches, ihre Anwendungen gegenüber neuen Personen und in neuen Situationen erfolgen unwillkürlich und intuitiv. Nachträglich kann man über sie im Bedarfsfalle nachdenken und vielleicht auch die Prinzipien erkennen, nach denen die Anwendungen erfolgen. Im neuen Ernstfall sind einem aber die Prinzipien selten präsent, und das ist wahrscheinlich gut so. Auch die neue Situation versteht man nachträglich besser als in ihrer unmittelbaren Gegenwart und Aktualität, und die Lehren daraus zieht man ebenfalls unwillkürlich. Die Prinzipien gehen einem unvermerkt und unausgesprochen ins Blut. Man lernt ununterbrochen, ohne genau sagen zu können, wie und was. Reden hilft, aber es ist nicht alles. Erfahrenhaben und neuerliches Erfahren ist gewichtiger. Erst darüber lohnt es sich zu reden.

Die Einflüsse der Ursprungsfamilie und ihre Anwendungen in neuen Situationen und gegenüber neuen Personen unterliegen laufenden Modifikationen. Diese werden durch die Reaktionen und Handlungen der neuen Personen gegenüber einem selbst erforderlich. Die neuen Personen passen nur ungefähr in die Person- und Beziehungsmodelle, die man auf sie überträgt. Sie können und wollen nicht nur die Plagiate von Personen aus der Ursprungsfamilie sein, und auch ihre Übertragungen auf einen selbst passen nicht genau auf das, was man selbst ist und sein möchte. Die Entwicklung der Beziehung zwischen Partnern, Freunden und Freundinnen, Liebespaaren etc. besteht aus immer neuen Anpassungen und Angleichungen aneinander, in denen das ursprüngliche Übertragungsmodell von immer mehr konkreten Erfahrungen im Umgang mit der anderen Person und von Details über die andere Person eingekleidet und verdeckt wird. Es bekommt sozusagen Fleisch und Blut. Es ist selbst nur etwas wie das Skelett der Beziehung zwischen den beiden Personen.

Auch dieses „Skelett“ ist übrigens in seiner Struktur nicht für immer festgelegt. Es kann sich ändern. Andere Aspekte als bisher können in der ursprünglichen Modellperson oder Modellbeziehung, die man auf eine neue Person übertragen hat, in den Vordergrund treten. An einem Vater, der als gütiger und nachgiebiger Mensch Vorbild für eine Partnerbeziehung einer jungen Frau war, kann sich diese nachträglich auch an dominante Züge, eine Beschützerrolle in Gefahr, eine Beraterfunktion des Vaters erinnern. An einer älteren Schwester, die ihn nicht nur beschützte, sondern auch beherrschte, werden für einen jungen Mann auch Situationen erinnerbar, in denen sie hilflos war, in denen *er* als *ihr* Beschützer, vielleicht als Retter in höchster Not auftrat. In beiden Fällen könnten die aktuellen Partnerbeziehungen und ihre Konflikte die Revisionen an den Erinnerungsbildern der intrafamiliären Modellpersonen bewirkt haben. Als Folge davon aber mildern sich mitunter die aktuellen Partnerkonflikte. Die junge Frau kann ihren Lebenspartner und dessen Verantwortungs- und Führungsbedürfnis besser akzeptieren. Der junge Mann kann gegenüber seiner Partnerin auch den Beschützer spielen oder ihre Selbständigkeit, ihre Tüchtigkeit und ihre Bemutterungstendenzen ohne Minderwertigkeitsgefühle hinnehmen.

Wenn Partner, Freunde, Liebes- und Lebenspartner sich miteinander nicht immer behaglich fühlen, wenn sie nur zum Teil voneinander bekommen, was sie sich ersehnen, wenn sie nur manchmal miteinander zufrieden sind, dann können die genannten Einflüsse eine Rolle spielen. Dann haben vielleicht auch schon gegenseitige Modifikations- und Anpassungsversuche stattgefunden, aber ihnen nicht das gewünschte Ergebnis erbracht. Zwischen ihnen bestehen Konflikte. Sie sprechen auch darüber miteinander und mit Bekannten, aber sie kommen dabei auf keinen grünen Zweig. Erst Gespräche mit professionellen Beratern und Psychotherapeuten scheinen dort, wo sie überhaupt gesucht werden und stattfinden, mehr zu erbringen. Als wohlwollend-neutrale Beobachter, die nicht in das Alltagsleben der Partner verwickelt sind, können sie häufig die Aussprachen der Partner miteinander verbessern, ihnen ihre Wünsche aneinander deutlicher artikulieren helfen und bei der Prüfung von neuen Möglichkeiten der Erfüllung ihrer Wünsche oder besserer Kompromisse als bisher beistehen. Sogar Verzichte sind verbesserbar, wenn sie sich als notwendig erweisen sollten. Ob es allerdings bei solchen Verzichten bleibt, ob sie fortan immer durchgehalten werden, ist nicht sicher.

Manchmal führen solche Aussprachen und Erkenntnisse zur Trennung der Partner, auch zu „Trennungen in Freundschaft“, und zur Suche nach neuen Partnern. Möglicherweise treffen sie nun bessere Wahlen als zuvor. Wenn sie noch keine Kinder haben, gilt dies meistens als eine günstige Lösung.

Wenn Kinder da sind, ist das anders. Sie sind fast unvermeidlich die Leidtragenden, wenn es den Eltern nicht gelingt, ihre Konflikte miteinander zu erkennen und anzusprechen, oder wenn sie zwar angesprochen werden, aber keine Lösungen und keine Kompromisse zustande kommen.

In gewissen Situationen können zwar Kinder den Eltern Erleichterungen bringen. Dies wäre beispielsweise der Fall, wenn zwei älteste Geschwister einander geheiratet haben, miteinander unwillkürlich um die Führung und Verantwortung in ihrer Beziehung ringen und keine ausreichenden Verständigungsmöglichkeiten finden (siehe auch S. 51). Sobald sie Kinder haben, wird das besser. Sie stürzen sich mitunter geradezu auf ihre Kinder und tendieren dazu, diese übermäßig zu betreuen und zu führen. Um allerdings auch dabei nicht in Konflikt zu geraten, müssen sie sich die Kinder sozusagen teilen. Wenn sie nur ein Kind haben, können sie diesem starke innere Konflikte bereiten. Beide Eltern ringen um die Gunst des Kindes. Wenn sie mehrere Kinder haben, trägt der elterliche Konflikt zu einer relativen Trennung der Kinder voneinander und zu Konflikten der Kinder untereinander bei. Die Kinder müssen für den einen oder für den anderen Elternteil Partei ergreifen. Sie scharen sich um den einen bzw. den anderen Elternteil und beziehen Stellung gegeneinander. Sie setzen gewissermaßen den Führungsstreit der Eltern fort.

Die Hilfe, welche Kinder solchen im Konflikt befindlichen Eltern bringen können, ist also nur begrenzt. In manchen Fällen verdeutlichen und erschweren sie sogar die Konflikte der Eltern. Dies kann beispielsweise bei einem Elternpaar der Fall sein, die beide jüngste Geschwister waren. Beide suchen eigentlich Anleitung, Verständnis und Betreuung im Partner, aber dieser kann das Gewünschte nicht leisten. Daher suchen sie es ersatzweise vom Kind. Ein Kind vermag das aber erst recht nicht (siehe auch S. 51 f.).

3.5.2. Wirkungen auf die Kinder in der Familie

Konflikte zwischen den Partnern bewirken, daß die Partner einander nicht in ausreichendem Maße realistisch sehen. Sie bleiben füreinander eher Personen- und Rollentypen bzw. „Ersatzfiguren" für ursprünglichere Bezugspersonen. Die Partner übertragen alte Beziehungen in die Gegenwart und lernen zu wenig über einander und über die Gegenwart. Sie wollen den Partner so haben, wie sie sich ihn vorstellen, nicht wie er wirklich ist. Und wenn sie Kinder haben, dann trachten sie, sogar diese unwillkürlich und unbewußt nach den Vorbildern ihrer ursprünglichen Bezugspersonen und Beziehungen zu beeinflussen und zu verändern.

Dabei behindern sie ihre Kinder in ihrer Entwicklung auf verschiedene Weise:

a) Die Eltern leben ihren Kindern eine konfliktgeladene eheliche Beziehung vor und bauen in den Kindern die Erwartung auf, daß das Zusammenleben als Mann und Frau eine mühsame und unerfreuliche Angelegenheit ist. Die Eltern verbreiten mehr Streit, mehr Angst, mehr Ärger und Haß in ihrer Familie als Eltern, die keine Konflikte miteinander haben.

b) Die Eltern belasten die Beziehung ihrer Kinder zu ihnen mit Konflikten. Die Kinder wissen nicht, ob sie nicht mit der Entwicklung eines guten Verhältnisses zu einem Elternteil sich die Gunst des anderen verscherzen. Sie wissen nicht, an wen sie sich im Krisenfalle, etwa im Falle der Trennung, halten sollen. Die Kinder können, selbst wenn sie eine günstige Kinderkonfiguration haben, die Beziehungsmöglichkeiten zu den Eltern nicht voll entwickeln. Wenn weniger günstige Kinderkonfigurationen gegeben sind (z. B. wenn eine Familie nur Jungen oder nur Mädchen hat, oder wenn eines der Kinder körperlich oder geistig behindert ist), werden ihnen in der Familie keine oder nur geringe Kompensationsmöglichkeiten für jene Erfahrungen angeboten, welche ihnen fehlen (z. B. für Erfahrungen im Zusammenleben mit altersnahen Personen des anderen Geschlechts).

c) Die Kinder können sich der Erfahrungsmöglichkeiten mit ihren Geschwistern nicht ungehindert bedienen. Selbst eine günstige Kinderkonfiguration mit Jungen und Mädchen gestattet ihnen beispielsweise nicht, das Zusammenleben mit altersnahen Personen des anderen Geschlechts zu üben und zu differenzieren. Der Konflikt der Eltern hängt wie Gewitterwolken über ihnen. Die Kinder bleiben angstvoll an einen oder beide Eltern gebunden. Wenn sie entweder nur Jungen oder nur Mädchen sind und unwillkürlich um die Gunst des andersgeschlechtlichen Elternteils rivalisieren (sein Geschlecht gibt es ja nur einmal in der Familie), geschieht dies mit mehr Angst, mehr Haß und mehr Schuldgefühlen als in Familien, deren Eltern keine Konflikte miteinander haben.

Wenn in einer Familie *Personenverluste* eintreten, insbesondere wenn ein Elternteil sich absentiert oder stirbt, muß der verbleibende Elternteil notgedrungen die Funktionen des verlorenen Elternteils mit übernehmen. Eine Mutter wird in einem solchen Falle zusätzlich auch eine Art von Vater, ein Vater bemüht sich, auch Mutterstelle an den Kindern zu vertreten.

Dadurch wird die Elternbeziehung für die Kinder jedoch keineswegs leichter. Man könnte meinen, daß der Junge, der seinen Vater verloren und seine Mutter nun allein für sich hat, froh darüber ist, und dito das Mädchen, das seine Mutter einbüßte und seinen Vater behält. Tatsächlich hat aber der verbleibende Elternteil jetzt mehr zu tun, um den Haushalt und die Familie zu betreuen. Er hat weniger Zeit für die Kinder. Selbst wenn er zeitlich nicht im Gedränge ist, verhält er sich jedoch keineswegs entgegenkommender und intimer im Umgang mit den Kindern, als er es vor dem Weggang des anderen Elternteils getan hatte.

Während die Kinder solche Beschränkungen früher der Präsenz oder Existenz des zweiten Elternteils und dessen Ansprüchen an seinen Ehepartner zuschreiben konnten, ist das jetzt nicht mehr möglich. Ein und dieselbe Person, eben der verbliebene Elternteil, scheint nun selbst solche Einschränkungen zu setzen. Es ist schwerer für die Kinder geworden, auseinanderzuhalten, was man tun darf und was nicht, als es zu jener Zeit war, da noch beide Eltern im Familienverband lebten.

Im übrigen ist der Verlust des andersgeschlechtlichen Elternteils bei Verbleiben des gleichgeschlechtlichen Elternteils noch ein wenig schwieriger für die auf diese Weise betroffenen Kinder in der Familie. Wenn die Familie nur ein einziges Kind hat, wird das noch deutlicher. Es bleiben dann Vater und Sohn oder Mutter und Tochter übrig. Erfahrungen mit Personen des anderen Geschlechts sind für das Kind im Familienverband nicht mehr möglich.

Noch gravierender in den psychologischen Folgen ist der Verlust beider Eltern, und wenn danach auch noch die Geschwister zerstreut werden, also auf verschiedene fremde Familien oder auf verschiedene Kinderheime aufgeteilt, ist das Schlimmste überhaupt passiert, was Kindern widerfahren kann (Toman 1961, 1965; siehe auch S. 70).

Relativ der beste Weg, Verluste von Personen auszugleichen, wäre in der Regel der möglichst baldige Ersatz dieser Personen durch möglichst ähnliche Personen. In der Praxis dauert eine solche Ersatzbeschaffung allerdings oft lange, und auch die Ähnlichkeit der Ersatzperson mit der verlorenen Person ist manchmal nur gering (siehe auch S. 65 f.). Die Partnerwahlmöglichkeiten des verbliebenen Elternteils sind gerade wegen der vorhandenen Kinder meist eingeschränkt. Besonders begehrenswerte Personen befinden sich bereits in anderen Händen, und die noch ungebundenen Personen von passendem Alter hatten nicht selten ihre eigenen Gründe, sich bisher nicht zu binden. Warum sollten sie diese jetzt plötzlich nicht mehr haben?

Jedenfalls ergeben sich mit den Ersatzpersonen, insbesondere mit Stiefvätern oder Stiefmüttern, neue Konflikte und langwierige Gewöhnungsprozesse aneinander, in denen die Ersatzperson von der Familie oft erst spät als eigenständige Persönlichkeit akzeptiert wird. Sie muß vielmehr immer neue Vergleiche mit dem ursprünglichen Familienmitglied, das sie ersetzen soll, über sich ergehen lassen, und wenn dies endlich abgeschlossen ist, bestehen unter Umständen immer noch Partnerkonflikte weiter.

Verluste von Familienmitgliedern wirken in ähnlicher Weise wie Konflikte auf das Familienleben. Die Kinder lernen aus dem Verlust, daß Verluste möglich sind, und tendieren, sich gegen weitere Verluste zu wappnen bzw. weitere Verluste zu erwarten. Sie leben in Angst und in Schuldgefühlen. Diese stammen von den Aggressionen, die sie während des Zusammenlebens gegen die später verlorene Person irgendwann einmal gehegt haben. Je mehr solche Aggressionen bestanden haben, desto stärker die Schuldgefühle nach dem Verlust der betreffenden Person (siehe auch S. 66 ff.).

Im Zustand der Angst und der Schuldgefühle, des manifesten oder des unterdrückten Hasses auf abwesende oder auch auf vorhandene Personen in der Familie leidet die Entwicklung der einzelnen Familienmitglieder und des Familienlebens. Die Differenzierung der Wünsche und Interessen an der Welt und an den Menschen wird verzögert, das Wissen von der Welt und den Menschen lückenhaft. Auf manches wagen sich die Betreffenden nicht recht einzulassen. Die Kooperationsbereitschaft, die Fähigkeit, eigene Motive und Absichten im Interesse anderer, der Familie oder der Gruppe aufzuschieben, bleibt in manchen Sektoren des Lebens oder insgesamt mehr oder weniger unterentwickelt. Die Arbeitswilligkeit, die Fähigkeit, im Interesse der Sache oder der Koordination kooperativer Arbeit durchzuhalten und persönliche Belange vorübergehend hintanzustellen, wächst weniger, als man unter anderen Umständen erwarten würde, oder sinkt sogar ab. Auch schicksalhafte Gegebenheiten, Veränderungen in der Umgebung, auf die man selbst keinen Einfluß hat (Krieg, Wirtschaftskrisen, Wetterveränderungen etc.), oder auch Gegebenheiten innerhalb der Familie wie beispielsweise finanzielle oder Wohnungsschwierigkeiten, Krankheit, ein behindertes Geschwister etc. können weniger gut hingenommen werden als in anderen Familien.

An solchen Konflikten und Personenverlusten in der Familie leiden verschiedene Familienmitglieder verschieden stark. Die jüngsten sind am meisten betroffen, sofern sich ihrer nicht ein älteres und reiferes Familienmitglied ausdrücklich annimmt und wie sein Beschützer, sein Puffer auftritt. Je mehr ein Mitglied leidet, desto abhängiger bleibt es in der Regel von der Familie. Der Ablösungsprozeß wird verzögert. Manchmal haben andere Familienmitglieder sogar ein unbewußtes Interesse an dieser Abhängigkeit. Sie bewältigen ihre eigenen Ängste und Haßgefühle durch die Übernahme eines Protektorates. Sie brauchen das schwache Familienmitglied, um sich selbst ihrer Stärke und Unabhängigkeit zu vergewissern.

Mitunter bleibt die ganze Familie in einem infantilen und labilen wechselseitigen Abhängigkeitszustand. Bowen spricht in einem solchen Falle von "undifferentiated ego-mass", in der die einzelnen Mitglieder nicht als individuelle und eigenständige Persönlichkeiten, sondern als Wesen ohne rechte Grenzen emotional voneinander angesteckt werden und diffus aufeinander reagieren (Bowen 1959, 1978; auch Wynne et al. 1960, Lidz et al. 1965).

3.5.3. Typen von Entwicklungsstörungen des Familienlebens

Will man die Leidensformen des Familienlebens, insbesondere jene, die sich aus Personenkonflikten und Personenverlusten in der Familie ergeben, einigermaßen überschaubar machen, dann empfiehlt sich die Beachtung des psychischen Entwicklungsniveaus der einzelnen Familienmitglieder und des Niveaus des Zusammenlebens in der Familie.

Einzelne Familienmitglieder können hinter dem Reifegrad, der Leistungsfähigkeit innerhalb und außerhalb der Familie, sowie dem altersgemäßen Sozialverständnis zurückbleiben. Sie können das Altersniveau halten. Sie können diesem sogar voraneilen.

Das ergibt in der Regel schwache bzw. durchschnittliche bzw. besonders starke Familienmitglieder, die am Familienleben unterschiedlich mitwirken, und zwar jeweils

a) als abhängige, hilfsbedürftige Sorgenkinder;
b) als verläßliche und angemessen kooperierende, helfende und, wenn nötig, auch fordernde Mitglieder, oder
c) als führende, verantwortliche, mitunter als herrschsüchtige oder auch eigenwillige und vom Familiengeschehen weitgehend unabhängige Personen.

Sie sind meistens in ihren außerfamiliären Beziehungen jeweils

a) eher schwach, passiv und nicht übermäßig erfolgreich,
b) angemessen aktiv und vielseitig sowie im allgemeinen erfolgreich, oder
c) besonders tüchtig, dominierend und erfolgsgewohnt.

Wenn das Entwicklungsniveau eines Familienmitgliedes außerhalb der Familie von jenem innerhalb der Familie abweicht, tendiert die Familie zunächst dazu, dies nicht gelten zu lassen. Wenn aber das Mißverhältnis bleibt, wenn jemand beispielsweise außerhalb der Familie beharrlich besser ist als in der Familie, dann kann dies auch seinen Status in der Familie verändern. Umgekehrt vermag jemand, der in der Familie stark ist, aber außerhalb der Familie wiederholt und entscheidend versagt, allmählich auch in der Familie seinen Status zu schwächen.

Das Niveau des Zusammenlebens hängt von den Kommunikationsgepflogenheiten der Familienmitglieder ab. Kommunikationen der Kinder betreffen zuerst nur das Familienleben, in dem Ausmaße aber, als sie sich auch außerhalb der Familie aufhalten, wird über die Tätigkeiten, Erfahrungen und Abenteuer auf dem Spielplatz, auf der Straße, in der Schule, in der Kinder- und Jugendgruppe, beim Sport usw. ebenfalls berichtet. Nun beginnen sich die Kinder auch für die Tätigkeiten und Erlebnisse der Eltern außerhalb der Familie zu interessieren.

Ein durchschnittliches Niveau des Zusammenlebens ermöglicht den Familienmitgliedern, zumindest über die wichtigsten Erlebnisse, Erfahrungen und Taten zu berichten und Gehör zu finden, erfordert aber auch von den Familienmitgliedern, daß sie den anderen zuhören. Wenn vorwiegend geschrien oder andererseits fast nichts geredet wird, haben wir möglicherweise mit einem unterdurchschnittlichen Niveau des Familienlebens zu tun. Das muß aber nicht unbedingt so sein. Manche Familien verständigen sich recht gut auch ohne viele Worte, und Schreien per se ist noch kein sicheres Zeichen, daß man im Haß miteinander lebt. In manchen Familien geht es einfach lauter zu als in anderen.

Wenn Familienmitglieder miteinander über alles sprechen, was sie bewegt, und wenn sie dies sehr ausgiebig tun, ist das Niveau des Familienlebens vielleicht überdurchschnittlich. Es kann aber auch eine Art von Zwang auf die Familienmitglieder ausgeübt werden, keine Geheimnisse voreinander zu haben, die Familiengepflogenheiten nicht zu ändern, andere Personen, d. h. Freunde und Bekannte, nicht in das Familienleben einzulassen und auch den Familienmitgliedern selbst die Entfernung in andere Personengruppen und soziale Kontexte zu erschweren bzw. implizit oder sogar explizit zu verbieten.

Das Niveau des Familienlebens ändert sich auch im Verlaufe der Zeit und mit der Entwicklung der Kinder. Im Durchschnitt passiert das, was im Kapitel 3.4. (Die Entwicklung des Familienlebens) beschrieben wird, von dem es aber vielerlei Abweichungen gibt. Unter diesen sind die Verzögerungen und die Beschleunigungen der Entwicklung generell die bedeutsamsten.

3.5.3.1. Verzögerungen der Entwicklung des Familienlebens

Verzögerungen der Entwicklung des Familienlebens bedeuten im relativ günstigeren Falle, daß die Ablösung der Kinder von der Familie später als erwartet oder gar nicht eintritt. Die Kinder verlassen nicht das Heim der Eltern, oder sie verlassen es zwar, aber sie gründen keine eigenen Partnerschaften und Familien. Es wurde bereits erwähnt, daß akademische Ausbildungen der Kinder solche Verzögerungen begünstigen.

Eine relativ ungünstige Form der Verzögerung wäre der Zerfall der Familie, ohne daß die Kinder sich innerlich ablösen konnten. Sie sind noch keine eigenständigen Persönlichkeiten geworden, aber die Familie, der sie berichten und von der sie Anteilnahme und Unterstützung bekommen konnten, besteht nicht mehr.

Manchmal sind Personenverluste, insbesondere ein Elternverlust, der Anlaß zum Zerfall der Familie, aber das muß nicht so sein. Gelegentlich kann die Familie sogar äußerlich intakt wirken. Der Wohnsitz der Familie und die Personenzusammensetzung bleiben erhalten, aber die Kommunikation der Personen untereinander hat aufgehört. Sie leben wie Fremde nebeneinander her.

Häufiger geht bei einem solchen Zerfall allerdings der Wohnsitz der Familie oder seine Zugänglichkeit für einzelne Familienmitglieder verloren. Am schlimmsten ist es, wenn alle Kinder nicht mehr bei den Eltern, dem verbliebenen Elternteil oder dem Elternersatz zusammenkommen und wenn sie auch untereinander keine Verbindung mehr haben.

Eigentlich müßte man diesen Verlauf als Abbruch der Entwicklung des Familienlebens bezeichnen. Ihm ist aber oft eine Verzögerung der Entwicklung vorangegangen. Die nunmehr zerstreuten Familienmitglieder hatten auch vorher keine altersgemäße Persönlichkeitsreife, Selbständigkeit, Arbeitsfähigkeit oder soziale Kontaktbereitschaft erreicht. Sie können jetzt ohne Familie nichts mehr über das Familienleben dazulernen. Manchen gelingt es allerdings, sich Ersatzpersonen und Ersatzgruppen, mitunter sogar Ersatzfamilien zu rekrutieren. Sofern diese Ersatzpersonen oder -gruppen nicht ein spezielles Interesse an der Verletzlichkeit, Schwäche und Ängstlichkeit der betroffenen Menschen haben und sich abwenden, sobald ihre Schützlinge sich erholt haben und aufleben, können sie ihnen sogar bei der weiteren Persönlichkeitsentwicklung helfen.

Weniger glückliche Mitglieder solcher zerfallener Familien finden dagegen oft nicht den Mut zu neuen persönlichen Bindungen und eigenen Familiengründungen, und wenn sie es doch tun, ist die Prognose für das kommende, selbstgestaltete Familienleben nicht sehr günstig. Das, was sie erlebt haben, können sie ihren Partnern und ihren Kindern nicht verbergen, auch wenn sie sich darum bemühen. Es fließt unvermerkt und schädigend in das Zusammenleben ein, es sei denn, die Ehepartner konnten dieses Trauma miteinander, eventuell mit der Hilfe von Freunden oder mit professioneller Hilfe psychotherapeutisch durcharbeiten.

Zwischen diesen beiden Formen der Verzögerung der Entwicklung des Familienlebens, also der Familie, die zu lange zusammenbleibt und ihren Familienmitgliedern nicht gestattet, den Verband zu verlassen und sich selbständig zu machen, und dem Zerfall der Familie, also der ungünstigsten Form, gibt es noch andere Varianten der Verzögerung. In ihnen sind nicht die gesamte Familie, sondern nur einzelne Familienmitglieder oder Untergruppen bzw. einzelne Familienbeziehungen, aber eben nicht alle, betroffen. Mutter und Tochter gehen beispielsweise eine traurig-romantische Symbiose der Enttäuschung ein, während sich der Vater und die Söhne zu behaupten vermögen und die Söhne auch die Ablösung von der Familie schaffen. Oder Eltern halten eine ihrer beiden Töchter über Gebühr im Familienverband zurück, während sie die andere vorzeitig auszustoßen trachten.

Unabhängig davon, welche der beschriebenen Entwicklungsverzögerungen vorliegen, können Familien einzelne oder alle ihre Kinder auf verschiedenen Stufen der Persönlichkeitsentwicklung zurückhalten bzw. die Umgangs- und Beziehungsformen dieser Stufen über die Zeit hinaus verlängern. Die Kinder sollen beispielsweise pubertär bleiben, sie dürfen ideale Liebesbeziehungen erträumen, müssen aber in der Wirklichkeit abstinent bleiben. Oder sie dürfen zwar Liebesbeziehungen haben, doch diese werden ihnen sozusagen von den Eltern finanziert, damit sie, die Kinder, bei den Eltern bleiben. Eine für das betroffene Kind besonders traumatische Erfahrung wäre eine manifeste inzestuöse Beziehung.

Aber auch die latente Liebesbindung an die Eltern oder Geschwister stellt eine Verlängerung der ödipalen Phase bzw. ein Stehenbleiben auf dieser dar. Die Gefühlsbeziehungen unter den Familienmitgliedern sowie jene der Kinder zu Personen außerhalb der Familie sind verworren und labil. Es gibt immer wieder Mißverständnisse.

In manchen Familien ist Liebe überhaupt verboten und nur die Arbeit erlaubt. Jeder muß Hochleistungen erbringen. Die Familienmitglieder sind im Wettstreit miteinander und möchten etwa die beste von allen Familien werden oder, genauer gesagt, die besten Individuen in der Familie ruhmreich versammelt haben, auch wenn es in der Familie sonst keinen Spaß und keine Gemütlichkeit gibt. Es kann auch sein, daß nicht Arbeit und Leistung, sondern eher Macht, Einfluß, Prestige und Sicherheit im Vordergrund des Familienlebens stehen. Der Wettstreit unter den Familienmitgliedern geht nicht so sehr um das beste Werk oder die höchste Produktionszahl, sondern um die Kontrolle, die man über andere auszuüben vermag. Der beste ist jener mit der größten Gefolgschaft.

Die schwerste Verzögerung einer Persönlichkeitsentwicklung wäre durch ein Andauern der Passivitätsphase der Kindheit gegeben. Wenn der Nachwuchs der Familie sich weder zu Arbeit, Leistung und zum Kampf um Sicherheit, noch zur Werbung um Liebe aufraffen kann, sondern beschaulich dahindämmert und für nichts und wieder nichts geliebt und versorgt werden möchte, wenn die Kinder zwar essen wollen, aber nicht einmal in der Lage sind, sich notfalls selbst Essen zu verschaffen oder es zuzubereiten, ist die Prognose im allgemeinen besonders ungünstig.

In einer solchen Familie muß mindestens ein Mitglied anders als die übrigen sein. Sonst würde die Familie zerfallen. Es muß den übrigen alles das liefern, was sie essen wollen und zur Unterhaltung und Erholung brauchen. Es muß verdienen und der Familie, wenn möglich, noch Dienstpersonal halten, oder es muß sich abrackern und alles das selbst beisteuern.

Ein solcher regressiver Zustand des Familienlebens wird nicht selten durch einen Elternteil gefördert oder geradezu verursacht, der selbst als Persönlichkeit passiv, der einer „unversiegbaren und bedingungslosen mütterlichen Liebe“ bedürftig ist und ersatzweise Trost im Kranksein oder im Alkohol sucht oder in Depressionen versinkt. Wenn der Vater diese kranke Persönlichkeit ist, muß die Mutter alles in der Familie zusammenhalten und meistern. Wenn die Mutter diese kranke Persönlichkeit ist, muß dies der Vater tun. Wenn beide Eltern in ihrer Entwicklung retardiert oder auf diesen frühen Persönlichkeitsentwicklungszustand regrediert sind, dann muß jemand anderer, nicht selten eine Großmutter oder Tante, andere Verwandte oder mit wachsender Häufigkeit der Staat, die Gemeinde oder eine Wohlfahrtsorganisation für den Lebensunterhalt dieser Familie aufkommen. In einem solchen Falle besteht allerdings starke Gefahr des Zerfalls der Familie.

Unvollständige Familien oder Familien, die einen Elternteil verloren haben, sind meistens in erhöhten Unterhaltsnöten, bedürfen fremder Hilfen und regredieren häufiger als intakte

Familien auf frühere Niveaus des Familienlebens, letzten Endes auf das Niveau der Passivität, der Untätigkeit, der Unlust zur Arbeit und zu den Bewerbungen um Liebe.

Für Familien, die zu keiner Zeit vollständig waren, insbesondere für vaterlose Haushalte mit Kindern, die mitunter auch noch von verschiedenen Vätern stammen, ist die Prognose am ungünstigsten überhaupt. Lediglich das Aufwachsen in Heimen oder Institutionen, in denen nicht einmal versucht wird, familienähnliches Zusammenleben zu simulieren, ist noch ungünstiger. In den permanent unvollständigen Familien, die sich oft nur durch fremde Hilfe überhaupt am Leben erhalten können, ist die Gefahr schwerer Verzögerungen der Entwicklung des Familienlebens und des Auseinander- und Davonlaufens der Familienmitglieder groß; ebenso die Gefahr, daß die davongelaufenen Mitglieder entweder keine Familien gründen oder es nach dem Muster ihrer Erfahrungen in der eigenen unvollständigen Familie tun.

Klinisch-psychologische Beobachter behaupten, daß uneheliche Geburten und vaterlose oder elternlose Haushalte erblich sind. Ein Stück schwarzer Humor, der aber durch das Elend der eigenen Lebensgestaltung vieler Personen, die aus solchen tristen Familienverhältnissen stammen, gerechtfertigt erscheint. Es sieht so aus, als ob eine der elementarsten Voraussetzungen für ein glückliches Familienleben der Wunsch beider Liebespartner ist, Kinder zu haben, und dieser Wunsch ist seinerseits nur echt und psychologisch ergiebig, wenn die prospektiven Eltern auch wissen, wie sie die Kinder mit eigenen Kräften versorgen werden. Sonst sollten sie im Interesse dieser Kinder sie lieber gar nicht erst in die Welt setzen, empfehlen die klinisch psychologischen Beobachter.

3.5.3.2. Beschleunigungen der Entwicklung des Familienlebens

Beschleunigungen der Entwicklung wären an sich ebenso gut oder noch besser als durchschnittliche oder normale Entwicklungen des Familienlebens, wenn sie alle Familienmitglieder in vergleichbarer Weise erfassen und wenn nicht Verzögerungen in Teilbereichen des Familienlebens damit verbunden sind. Ein individuell schwächeres Familienmitglied, ein körperlich asthenisches oder ein weniger intelligentes Kind kann eine beschleunigte Entwicklung weniger gut mitmachen als eine normale Entwicklung. Sein Abstand zur Entwicklung seiner Geschwister und des Niveaus des Zusammenlebens in der Familie vergrößert sich zunehmend, und es wird in höherem Maße als in einer normalen Familienentwicklung das schwarze Schaf oder das schwächste Glied in der Kette der Beziehungen. Darunter aber kann mindestens partiell doch die ganze Familie leiden, wenn sie sich nicht in besonderer Weise dieses Familienmitgliedes annimmt und darauf achtet, daß es weder überprotegiert noch abgeschrieben oder gar ausgestoßen wird.

Wenn die Beschleunigung der Entwicklung des Familienlebens durch besondere Leistungen aller Familienmitglieder oder etwa durch die Öffentlichkeit des Familienlebens infolge eines hohen Amtes oder der Popularität eines oder beider Eltern verursacht ist, können ebenfalls Nachteile damit eingehandelt werden. Wegen der Hochleistungsorientierung der Familie kommen die Entspannungs- und Erholungsbedürfnisse, aber auch die emotionalen Aspekte der Familienmitglieder zu kurz. Die Kinder fühlen sich trotz der Anteilnahme der Eltern unverstanden oder unglücklich. Wegen der Öffentlichkeit des Familienlebens kann es sein, daß die Kinder ihre Eltern selten so sehen, wie sie wirklich sind oder sein möchten, und daß sie auch selbst nicht ganz jene Personen sein und jene Interessen entwickeln dürfen, die ihnen eigentlich am Herzen liegen.

Wenn keinerlei Nachteile dieser oder ähnlicher Art durch eine Beschleunigung der Entwicklung des Familienlebens entstehen, ist auch psychologisch nichts dagegen einzuwenden. Bei dieser Gelegenheit sei vermerkt, daß gegen Verzögerungen der Entwicklung des Familienlebens an sich psychologisch ebenfalls keine Bedenken bestehen, sofern die soziale Umgebung der betreffenden Familie die Verzögerung toleriert und ihr mehr Zeit läßt. Mitunter vermag man solche Familien eines geringeren

Reifezustandes als künstlerische oder kindliche oder besonders lustige Familien zu „entschuldigen". Ihre Ungereimtheiten und Extravaganzen duldet man länger als bei anderen Familien und kann im Laufe der Zeit oft sogar beobachten, daß sie abnehmen. Die Entwicklung des Familienlebens geht also weiter.

Häufiger fühlt sich allerdings die soziale Umgebung, fühlen sich die Verwandten, die Nachbarsfamilien, die Gemeinde, die Kollegengruppe, durch solche impliziten oder expliziten Aufgaben der Nachsicht und Toleranz überfordert. Warum sollte diese Familie es besser oder leichter haben als man selbst? Warum sollte sie weniger erwachsen sein dürfen als andere Familien?

Das kann man der sozialen Umgebung manchmal nicht einmal verargen, insbesondere da in deren Familien die Nachsicht und Toleranz gegenüber schwachen Familienmitgliedern ebenfalls gering ist. Auch innerhalb der Familie gilt nämlich, daß die schwachen Familienmitglieder vor allem mehr Zeit zur Entwicklung brauchen als andere. Sie erreichen ein gegebenes Entwicklungsniveau ihrer Persönlichkeit und ihres sozialen Lebens erst später. Wer aber sollte eher imstande sein, das geringere Entwicklungstempo zu erdulden und länger auf die Erreichung der Entwicklungsziele zu warten als die Eltern oder die Geschwister der betroffenen Person? Nachbarn, Kollegen oder die Gemeinde sind notwendigerweise weniger vertraut und daher spontan auch weniger interessiert an solchen Vorgängen als eben die unmittelbare Familie (siehe auch S. 24).

4. FAMILIENTHERAPIE IN DER PRAXIS

Familientherapeuten aller Varianten haben ungefähr die beschriebenen Vorstellungen über die Entwicklung des Familienlebens und seiner Störungen. Sie halten das Aufwachsen in der Familie für die günstigste Möglichkeit des Individuums. Sie sind sich über Personenkonflikte unter den Familienmitgliedern und Personenverluste als bedeutsame Störfaktoren der Entwicklung des Familienlebens und des einzelnen Menschen zur erwachsenen und selbständigen Persönlichkeit im großen und ganzen einig. Sie sind mit den hier beschriebenen Typen von Entwicklungsstörungen und noch mit vielen anderen vertraut. Sie halten in der Regel eine Diagnose der Familiensituation als Voraussetzung für die Behandlung einer Familie und für die schließliche Beurteilung der Behandlung selbst für unerläßlich. Die Verfahren der diagnostischen Bewertung der Familiensituation reichen von Angaben, die eine zuweisende Institution über die Familie macht, und von Fragebögen, welche eines oder mehrere Mitglieder vor dem ersten Gespräch der Familie mit dem Psychotherapeuten ausfüllen – manchmal auch erst im Laufe der Behandlung –, bis zu regulären Familiengesprächen, in denen vor allem beurteilt werden soll, ob Familientherapie, also im Grunde genommen weitere Familiengespräche, empfohlen werden können.

Zur Erfassung der Familiensituation gehört in der Regel die Personenzusammensetzung der hilfesuchenden Familie bzw. der Familie der hilfesuchenden Person. Alter und Geschlecht der Kinder und Alter der Eltern, wenn irgend möglich, auch Alter und Geschlecht der Geschwister der Eltern, deren Familienstand und jeweilige Kinderzahl sowie Angaben darüber, ob die Eltern der Eltern noch leben oder, im Falle ihres Verlustes durch Tod oder Trennung, wann im Leben der Eltern diese Verluste eingetreten sind, werden ermittelt. Verluste in der hilfesuchenden Familie selbst (Verlust von Kindern, Verlust eines Elternteils) bzw. der Ersatz verlorener Familienmitglieder (z. B. durch einen Stiefvater, durch eine Tante oder eine Großmutter) oder der Eintritt anderer Personen in den Familienverband (z. B. Stiefgeschwister oder Halbgeschwister – Stiefgeschwister haben mit den vorhandenen Kindern keinen Elternteil, Halbgeschwister einen Elternteil gemeinsam) sollen gegebenenfalls festgehalten werden; außerdem Schul- und Berufslaufbahnen der Familienmitglieder, Orts- und Wohnsitzwechsel der Familie, Krankheiten, insbesondere solche mit Krankenhausaufenthalten, und andere vorübergehende Trennungen einzelner Familienmitglieder von der Familie. Wenn ein Familienmitglied nicht mehr in der Familie wohnt, sollte dies und, wenn möglich, auch die ungefähre Entfernung des Wohnsitzes dieses Familienmitgliedes festgehalten werden. Das gleiche gilt für den Wohnsitz der Eltern der Eltern.

Selbst wenn kein Fragebogen erhoben und kein solches Inventar von Angaben als Gesprächsrichtlinien für den Familientherapeuten vorliegen, ergeben sich solche Daten und Informationen in der aufmerksam geführten Familientherapie fast von selbst. Sie bedürfen bestenfalls gelegentlicher ergänzender Nachfragen zur Klärung von Unstimmigkeiten. Mit der Kenntnis dieser Daten aber kann der Familientherapeut auch beurteilen, worauf die Familienmitglieder in der Vergangenheit reagiert haben und worauf sie jetzt noch oder auch jetzt nicht mehr reagieren. Er kann zumindest in groben Zügen verstehen, wie sich die Familie und ihr Zusammenleben entwickelt hat und wie es zu jener Lebenssituation gekommen ist, in der sich die Familie am Anfang der Behandlung befindet.

Dort, wo diese Daten nicht erhoben werden, entweder aus Versehen oder mit Absicht, können Zweifel am familiendiagnostischen Verständnis der Familientherapeuten bzw. an deren Dokumentation ihrer psychotherapeutischen Tätigkeit entstehen. Ergebniskontrollen jeder Psychotherapie, auch der Familientherapie, sind ohne Dokumentation der Lebenssituation des

Patienten bzw. der Familie am Anfang der Behandlung kaum möglich. Einen wie weiten Weg eine Familie in der Psychotherapie zurückgelegt hat, läßt sich nämlich nur bei Kenntnis der Ausgangssituation der behandelten Familie feststellen.

Ohne die Möglichkeit von (langfristigen) Ergebniskontrollen, selbst wenn diese in der Praxis oft nur an kleinen Stichproben der Klientele durchgeführt werden können, ist umgekehrt auch das diagnostische und therapeutische Verständnis des Familientherapeuten nicht mit Sicherheit belegbar und verbesserbar. Wie sonst als durch Vergleiche der Lebens- und Familiensituation von Familien nach erfolgter psychotherapeutischer Behandlung mit dem, was in der Familientherapie selbst geschehen ist und in irgendeiner Form hoffentlich festgehalten wurde, kann der Familientherapeut etwas über die Angemessenheit oder Richtigkeit seines eigenen psychotherapeutischen Verhaltens erfahren?

Argumente gegen die Notwendigkeit, gegenwärtige und vergangene objektive Lebenssituationen von Patienten der Psychotherapie zu erfassen, stammen zum Teil von Vertretern der nichtdirektiven oder klientenzentrierten Psychotherapie (z. B. Rogers 1951, Hart und Tomlinson 1970, auch Tausch 1968), zum Teil von Verhaltenstherapeuten (z. B. Wolpe und Lazarus 1966, Eysenck und Rachman 1966, Bandura 1969, Meyer und Chesser 1970).

Nichtdirektive Psychotherapeuten argumentieren, daß es nur auf die Gefühlserlebnisse der Patienten und deren Äußerung ankomme (nicht unter anderem, wie es die klassische Psychotherapie postuliert). Es sei mehr oder weniger gleichgültig, worum es sachlich dabei gehe. Die objektive Lebenssituation des Patienten sei für den Therapeuten uninteressant. Was an ihr bedeutsam ist, manifestiere sich in den Gefühlen. – Und Verhaltenstherapeuten plädieren, daß es nicht unter anderem – wie in der klassischen Psychotherapie –, sondern ausschließlich auf das derzeitige Fehlverhalten des Patienten und dessen Modifikation in der Gegenwart und Zukunft ankomme. Objektive Lebensumstände der Vergangenheit seien belanglos.

Dieser Meinung schließen sich übrigens auch Kommunikationstherapeuten an (z. B. Laing et al. 1966, Watzlawik et al. 1967), denen es um die Modifikation der hic et nunc praktizierten Kommunikationen des Patienten mit seiner sozialen Umwelt zu tun ist. Sofern Vertreter dieser Schulen sich mit Familientherapie oder zumindest mit Partnertherapie befassen (z. B. Berne 1964, Harris 1967, Mandel et al. 1971, 1975), ist allerdings erkennbar, daß sie ihre Einschränkungen in der Praxis nicht so ernst nehmen. Aus den Fallberichten geht hervor, daß sie oft gar nicht verhindern können, daß sowohl Gefühlsreaktionen der Vergangenheit wie objektive Lebensumstände der Vergangenheit und Gegenwart zur Sprache kommen.

Auch nichtdirektiven Psychotherapeuten ergeht es manchmal so, und Verhaltenstherapeuten haben die Anamnesen oder Explorationen ihrer Patienten zu Beginn der Behandlung etwa im letzten Jahrzehnt zunehmend verlängert. Sogar Annäherungen an die Gesprächsführungsregeln der klassischen Psychotherapie sind dabei zu erkennen (siehe S. 3 ff., 16 ff., auch S. 134 ff.).

Umgekehrt sind Familientherapeuten im Vergleich zur klassischen oder psychoanalytisch orientierten Einzeltherapie, aber auch zur klassischen Kinder- und Gruppentherapie eher geneigt, von der Abstinenzregel und der persönlichen Zurückhaltung in ihren therapeutischen Interventionen abzuweichen. Der Familientherapeut fungiert (nach Bowen 1965, 1978, Ackerman 1966, Virginia Satir 1967, Minuchin 1974 und anderen) auch als Elternfigur, als Erzieher und Vorbild sowie als Testperson für neue Haltungen oder Interessen von Familienmitgliedern bzw. der gesamten Familie. Das heißt in anderen Worten, er nimmt auftretendes Übertragungsverhalten in den behandelten Familien nicht nur zur Kenntnis, sondern er darf dabei auch selegieren und manches davon sogar provozieren.

Er darf ferner Familienmitgliedern das Wort erteilen und sie (gelegentlich) unterbrechen. Er darf belehren, Vergleiche aus seiner klinischen und sogar aus seiner eigenen Lebenserfahrung anbieten und nichtverbale oder implizite Vorgänge in der Behandlungssituation ansprechen. Er lobt, unterstützt, ermutigt zu gewissen Zeiten und versucht, Angst in der Familie zu mildern.

Für die Behandlung ist es günstig, wenn in der Familie bald ein Gefühl des Vertrauens in den Familientherapeuten und der Sicherheit entsteht. Wenn nötig, hilft er dabei durch Kommentare, Erklärungen und zur Kenntnis gebrachte eigene Haltungen auch ein wenig nach.

Familientherapeuten nehmen sich noch einiges mehr heraus, das in der klassischen Psychotherapie nicht erlaubt wäre. Sie fordern Familienmitglieder, die nicht zur Behandlung kommen wollen, auf zu kommen. Sie ändern in der Behandlungssituation mitunter die selbst gewählte oder angeregte Sitzordnung. Sie fordern zu Darbietungen oder Wiederholungen von Auseinandersetzungen in der Familie, zu Demonstrationen von erinnertem oder besprochenem Verhalten und sogar zu Rollenspielen auf, auch zu solchen mit vertauschten Rollen. Sie suchen, wenn es ihrer Meinung nach die Familiensituation verlangt, eine Familie auch in deren Haus auf. In manchen Fällen findet die ganze Familientherapie im Hause der Familie statt.

Familientherapeuten sehen Familienmitglieder mitunter auch einzeln und holen sich dazu nicht immer im voraus die Zustimmung der übrigen Familienmitglieder ein. Sie verhehlen allerdings einen solchen Umstand nicht vor den übrigen und ermuntern gegebenenfalls das betreffende Familienmitglied, den Rest der Familie darüber zu verständigen bzw. nachträglich mitzuteilen, worum es in der Einzelsitzung ging.

Familientherapeuten bringen gelegentlich oder auch von Anfang an und regelmäßig Kotherapeuten mit in die Familiensitzungen. Diese Kotherapeuten sind meistens vom anderen Geschlecht als der Familientherapeut. Manchmal sehen beide Therapeuten Familienmitglieder auch einzeln. Mitunter faßt der Familientherapeut oder das Therapeutenteam zwei, drei oder mehr Familien zu einer multiplen Familientherapie zusammen (siehe auch S. 29).

Schließlich dokumentieren manche Familientherapeuten ihre Sitzungen mittels Tonband oder Videoband. Dies geschieht zwar mit der ausdrücklichen Zustimmung der betreffenden Familie, gelegentlich wird es aber einer Familie etwas schwerer gemacht,

Nein als Ja zu sagen. Zu psychotherapeutischen Zwecken kann die Familie diese Aufzeichnungen manchmal auch vorgeführt bekommen. Mitunter darf sich eine Familie die Ton- oder Videobänder sogar nach Hause nehmen und studieren.

Alle diese von der klassischen Psychotherapie abweichenden Interventionen und Praktiken werden allerdings von der Mehrzahl der Familientherapeuten nur unter besonderen Umständen eingesetzt. Familientherapeuten sind sich über die Komplikationen klar, die sie damit dem psychotherapeutischen Prozeß bereiten. Solche Interventionen beruhen auf weniger empirischer Evidenz als in der klassischen Psychotherapie, manchmal eben auf zu wenig. Ein therapeutisches Manöver kann fehlschlagen. Die Eingebungen und Intuitionen des Familientherapeuten waren falsch. Er hat impulsiv, vielleicht aus Gegenübertragung gehandelt und in der Familie unrealistische Erwartungen geweckt. Er wollte vielleicht groß dastehen, ein „Wunder wirken", möglicherweise einem Mitglied der Familie besonders imponieren oder einen Elternteil in der Familie übertrumpfen und ausschalten.

Die Familie macht da in der Regel nicht lange mit. Sie glaubt letzten Endes doch nicht an Wunder. Oder sie fühlt sich vom „gelassenen und überlegenen" Familientherapeuten so eingeschüchtert, daß sie, oder zumindest einzelne ihrer Mitglieder, aufhören mitzuteilen, was sie wirklich erinnern, fühlen und meinen. Oder die Familie empfindet den Familientherapeuten zunehmend als einen Angeber und Showman und entwickelt ein unwillkürliches, obschon unbewußtes Interesse, ihn auf die Nase fallen zu lassen. Man glaubt zuletzt seinem psychotherapeutischen Interesse nicht ganz. Er will nicht nur helfen, meint man, sondern er will etwas anderes. Er will etwas für sich selbst erreichen.

Die Gefahr der Showmanship und des Exhibitionismus, der Darstellung der eigenen Kompetenz, Sicherheit und therapeutischen Macht, besteht bei den Familientherapeuten in höherem Maße als bei den klassischen Psychotherapeuten in der Einzeltherapie oder Kindertherapie. Auch der Gruppentherapeut ist dieser Gefahr ausgesetzt, aber die von ihm selbst zusammengestellte Gruppe von Personen, die einander zuvor nicht gekannt haben, ist im allgemeinen erheblich leichter zu behandeln als eine Familie (siehe auch S. 14 ff., 26 ff.). Die Familie ist eine geschlossene Gruppe, die auch außerhalb der Psychotherapiestunden zusammenlebt und schon lange zusammengelebt hat. Es ist für den Familientherapeuten schwer, auch nur „einen Fuß in die Türe zu bekommen", die ihm die Familie aus psychischer Not oder vielleicht auch nur versehentlich geöffnet hat. Er muß den Familienmitgliedern rasch einen Eindruck machen. Er muß zeigen, daß er ruhig und sicher ist, daß ihn die Konflikte, die Drohungen und Ängste der Familie nicht schrecken, daß er den Überblick behält und daß er ihnen möglichst schon in der ersten Stunde etwas sagen oder aufzeigen kann, was sie nicht gewußt haben. Wenn er keinen solchen Eindruck macht, verliert manche Familie rasch das Interesse an der Therapie. Wenn er Dinge anspricht, die unbehaglich sind, weicht man aus, und wenn er auf ihrer Diskussion besteht, bleibt man einfach weg.

Viele Familientherapeuten trachten, auch in der Familientherapie die Regeln und Prinzipien der klassischen Psychotherapie einzuhalten (siehe auch S. 27). Sie nehmen nicht von vornherein bestimmte Rollen ein. Sie belehren und erziehen nicht und machen auch keine Mitteilungen über sich selbst oder über ihre klinische Erfahrung mit anderen Patienten oder im allgemeinen. Sie greifen nur Themen auf, welche die Familie bzw. ein Mitglied der Familie selbst schon absichtlich oder unabsichtsich angesprochen hat. Sie sind zwar wohlwollend-neutral interessiert an allem, was die Familie sagen oder ausdrücken möchte oder in der Vergangenheit ausgedrückt hat, aber sie loben, ermutigen oder ermahnen nach Möglichkeit nicht. Sie versuchen zwar, die ganze Familie oder zumindest beide Eltern regelmäßig in die Behandlung zu bekommen, aber sie urgieren nicht, daß alle kommen müssen, und sie sehen während der Dauer der Behandlung keines der Familienmitglieder in Einzelgesprächen. Sie gehen auch nicht zur behandelten Familie ins Haus.

Sie protokollieren zwar manchmal auch mit Ton- oder Videobändern, aber sie geben diese nicht zum Gebrauch durch die Familie aus der Hand. Auch von Demonstrationen solcher Aufzeichnungen in den Behandlungssitzungen selbst machen sie kaum oder nie Gebrauch. Wenn dies geschieht, dann im Beisein aller Familienmitglieder und mit der Möglichkeit, auch die Reaktionen und Gedanken der Familie über das, was sie in der Aufzeichnung gesehen und gehört haben, gemeinsam zu diskutieren.

Das gemeinsam – also in Gegenwart der anderen Familienmitglieder – produzierte Material an Äußerungen, Erinnerungen, Gedanken, Phantasien, Gefühlen, Meinungen und Konflikten ist der Grundstoff der Behandlung in der Familientherapie. Der Familientherapeut sollte keine anderen Informationen als diese in seinen psychotherapeutischen Interventionen verwenden. Er sollte eigentlich andere Informationen gar nicht haben. Er sollte nur Informationen haben, von denen die Familienmitglieder wissen, daß er sie hat und wie sie ihm mitgeteilt wurden. Sie waren Zeugen.

Eben darum vermeidet der klassische Familientherapeut Einzelgespräche mit Mitgliedern der Familie, die er behandelt. Darum läßt er sich übrigens auch auf schriftliche Mitteilungen, Briefe, Tagebücher oder Aufsätze nicht ein, die ihm einzelne Familienmitglieder zur Lektüre bringen oder zusenden. Er könnte auf diese in der Familientherapie nur eingehen, wenn auch alle übrigen Familienmitglieder die betreffenden Schriftstücke kennen. Selbst dann müßte er sich eigentlich vergewissern, ob dies der Fall ist und was sie davon in Erinnerung haben.

Die Annahme von Schriftstücken würde im übrigen die zeitliche Beanspruchung des Familientherapeuten erhöhen und unwillkürlich von dem betreffenden und anderen Familienmitgliedern als Präzedenzfall für weiteren „Schriftverkehr" mit dem Familientherapeuten und zusätzliche zeitliche Beanspruchungen aufgefaßt werden. Das gleiche gilt auch für Versuche eines Familienmitgliedes, dem Psychotherapeuten außerhalb der Behandlungsstunden telephonisch Sondermitteilungen zu machen.

Die klassische psychotherapeutische Antwort auf solche Kontaktversuche außerhalb der vereinbarten Behandlungszeit, egal ob sie von einem Patienten der Einzeltherapie oder einer Familientherapie stammen, setzt sich aus der freundlichen Nichtannahme des Schriftstückes und der Bereitschaftserklärung des Therapeuten zusammen, in der nächsten Behandlungsstunde auf das Thema des Schriftstückes bzw. des Telephonanrufes einzugehen. Der Patient soll das, was er vorbringen wollte, eben dann und mündlich tun.

Je strenger sich Familientherapeuten an die klassische Form der Psychotherapie halten, desto eher müssen sie in Kauf nehmen, daß ihre Patienten sich zögernder in die Psychotherapie einlassen. Wenn sie es aber schließlich tun, ist ihre Mitarbeit im allgemeinen ernster, verläßlicher und für sie langfristig ergiebiger sowie von der Person des Psychotherapeuten unabhängiger als im anderen Fall. Der klassische Familientherapeut hilft der Familie bei der Selbsthilfe. Der von der klassischen Form abweichende Psychotherapeut, insbesondere aber der charismatische und idiosynkratische Psychotherapeut, hilft den Patienten selbst. Er nimmt nicht selten über die eigentliche Behandlung hinaus Anteil am Leben der behandelten Familien. Er lädt die Familien mitunter sogar zu seinen Team-Konferenzen und wissenschaftlichen Kongressen ein und läßt sich von ihnen vor dem professionellen Publikum bestätigen, wie ihnen seine Familientherapie bekommen ist. Er hilft nicht nur seinen Patienten, sondern er möchte, daß sie auch ihm helfen. Die Patienten sollten nicht zuletzt auch dem Psychotherapeuten zuliebe gesund werden und den Lorbeerkranz seiner Therapie um ein weiteres Blatt vermehren.

Auch klassische Psychotherapeuten sind eitel, aber sie kämpfen stärker dagegen an. Sie scheuen notwendigerweise die Öffentlichkeit, während die Charismatiker, die "characters" oder „Originale“ unter den Psychotherapeuten, insbesondere in der Gruppen- und Familientherapie, die Öffentlichkeit manchmal geradezu suchen. Sie beachten nicht, daß ihr Auftreten in der Öffentlichkeit sie für die Psychotherapie dort, wo man sie kennt, eigentlich disqualifiziert. Mindestens aber machen sie ihren Patienten und sich selbst die Psychotherapie schwieriger, komplizierter und weniger durchschaubar. Die Patienten wissen zu viel über ihren Psychotherapeuten, egal wie unvollständig das öffentliche Bild des Psychotherapeuten tatsächlich sein mag. Die Patienten sollten ja am besten gar nichts über die Person des Psychotherapeuten wissen und auch im Laufe der Behandlung nichts über ihn als Person erfahren. Sie sollten eigentlich nur den Umgang mit ihren eigenen Gefühlen, Motiven und Konflikten verbessern lernen. So wie der Psychotherapeut, ein wohlwollend-neutraler, nicht in die Alltagswirklichkeit des Patienten verstrickter Beobachter, mit ihren psychischen Problemen umgeht, so sollen sie lernen, eines Tages auch selbst und allein mit diesen Problemen umzugehen.

Man könnte argumentieren, daß es nicht darauf ankomme, klassische oder mehr oder weniger abweichende oder sogar charismatische Familientherapie zu betreiben. Es komme vielmehr auf die Heilerfolge an.

Dagegen läßt sich nicht viel sagen. Erfolg spricht für sich selbst. Es ist allerdings gar nicht einfach, psychotherapeutischen Erfolg eindeutig festzustellen. Die Fortdauer des Familienlebens der behandelten Familie, die Unauffälligkeit (oder angenehme Auffälligkeit) der Kinder in der Schule, im Beruf und in ihren sozialen Kontakten, letztlich die Fähigkeit der Kinder, eines Tages selbst Familien zu gründen und Kinder aufzuziehen, die ihrerseits unauffällig sind, könnte man als langfristige, objektive Mindestkriterien psychotherapeutischen Erfolges betrachten. Um zu erfahren, ob sie vorliegen oder nicht, müßte man jedoch lange warten und die Familienmitglieder auch über Ortsveränderungen derselben hinweg in Evidenz behalten. Dies wird von Psychotherapeuten nur selten versucht und gelingt noch seltener.

In der Mehrzahl der Fälle müssen sich Psychotherapeuten mit Erfolgsbeurteilungen der Behandlung bei Behandlungsende begnügen. Eine solche Beurteilung ist aber eher eine Prognose als eine Ergebniskontrolle, insbesondere wenn sie der behandelnde

Psychotherapeut selbst vornimmt. Die Erprobung der Erkenntnisse und inneren Veränderungen der Patienten, die sie in der Psychotherapie erlebt haben, beginnt ja erst. Ob sie sich etwa leichter entspannen und/oder besser arbeiten, kämpfen, kooperieren und sich mit anderen verständigen und/oder ihre Liebesinteressen mutiger und realistischer verfolgen können als früher, wird sich erst erweisen.

Dabei befindet sich paradoxerweise der klassische Psychotherapeut gegenüber dem charismatischen Psychotherapeuten in einem gewissen Nachteil. Er hat dem Patienten oder der Patientengruppe, etwa der Familie, geholfen, sich selbst zu helfen. Die Patienten brauchen, wenn sich nicht ihre Lebenssituation durch Fremdeinwirkung unerwartet und erheblich verschlechtert, keine Psychotherapie mehr. Mit dem Abschluß der Behandlung erfolgte auch die Ablösung vom Psychotherapeuten, bei der die Identifikation mit dem Psychotherapeuten im Umgang mit den psychischen Problemen des Patienten eine Hilfe war. Die Patienten nehmen sozusagen die wichtigsten Interventionsformen des Psychotherapeuten mit in ihre Alltagswirklichkeit und helfen sich im Bedarfsfalle selbst in jener Weise, in der ihnen während der Psychotherapie der Psychotherapeut geholfen hat. Sie haben vom Psychotherapeuten nur dessen Umgangsformen mit psychischen Problemen mitgenommen. Sie hängen nicht mehr an der Person des Psychotherapeuten. Dieser hat sie „freigegeben“. So erleben es die Patienten.

In der Familientherapie bedeutet das unter anderem, daß die Familienmitglieder den Umgang miteinander fortan und besonders in neuerlichen Krisen nach dem Vorbild des Familientherapeuten und seines Umgangs mit ihnen gestalten können. Sie hören einander zu. Sie lassen einander ausreden. Sie lassen alle zu Wort kommen. Sie versuchen sogar, sich zu vergewissern, was sie glauben, andere sagen gehört zu haben. – Dies wäre sozusagen der Minimalerfolg der Familientherapie. Er ist selbst bei kurzer Behandlungsdauer in der überwiegenden Mehrzahl aller Fälle erzielbar; auch dort, wo während der Dauer der Behandlung kein tieferes Verständnis der Familienproblematik oder Bereitschaften zur Änderung des Zusammenlebens in der Familie erkennnbar sind.

Der charismatische Psychotherapeut, der „Überraschungs- und Wunderheiler" dagegen entläßt meist auch nach Abschluß der Behandlung seine Patienten nicht. So erlebt es und so verhält sich jedenfalls der Patient. Manchen Wunderheilern ist der Patient gleichgültiger und rascher in Vergessenheit geraten, als der Patient meint, aber der Patient schleppt sozusagen ein Stück von der Person eines solchen Psychotherapeuten mit sich herum. Er „glaubt" an seinen Psychotherapeuten. Seine psychische Besserung oder Heilung ist an diesen Glauben gekoppelt. Würde der Patient in seinem Glauben an den Psychotherapeuten allerdings durch irgendwelche Umstände erschüttert, dann könnte auch sein psychischer Gesundheitszustand wieder ins Wanken geraten.

Ein solcher Patient tendiert dazu, sich mit seinem Psychotherapeuten lange über die Behandlung hinaus, mitunter lebenslänglich verbunden zu fühlen und dies auch in fortgesetzten Mitteilungen an ihn und Kontaktversuchen mit ihm auszudrükken. Ein solcher charismatischer Psychotherapeut muß seinerseits in vielen Fällen darauf antworten, zumindest in irgendeiner Form, vielleicht nur mit allgemeinen oder gedruckten Spruchweisheiten, wenn er seinen psychotherapeutischen Erfolg mit dem betreffenden Patienten nicht gefährden will.

Klassische Psychotherapeuten nennen dies übrigens einen „Übertragungserfolg". Der Psychotherapeut hat nicht nur beobachtet und geduldet, daß er im Erleben seines Patienten zeitweise verschiedene Rollen einnahm (die eines Vaters, eines Lehrers, einer Mutter, einer großen Schwester, eines Freundes, eines Verfolgers usw.), sondern er hat selbst bestimmte Rollen von vornherein eingenommen, z. B. jene des weltbekannten, mächtigen, fröhlichen und gewährenden Vaters oder des unwiderstehlichen Verkünders einer großen Liebesbewegung. Damit hat er unter den Übertragungsbereitschaften seines Patienten radikal selegiert. Viele von diesen Übertragungsbereitschaften waren unstatthaft, nur ganz bestimmte zugelassen bzw. dann sogar vom Therapeuten provoziert, z. B. die Bereitschaft, sich in kindlicher Demut bedingungslos „dem großen Guru“ anzuvertrauen und selbst mit bloßen Brosamen seiner Gunst und Anteilnahme zufrieden zu sein.

Jedenfalls liegt es in der Natur der Umstände, daß ein solcher charismatischer Psychotherapeut, den die Patienten eigentlich weniger interessieren als er selbst und seine Wunderwirkung, mitunter mehr spontane Rückmeldungen von seinen Patienten bekommt als der klassische Psychotherapeut. Letzterer *sollte* ja gar keine Rückmeldungen erhalten, wenn er seinen Patienten *wirklich* geholfen hat.

Auch der Psychotherapeut, der nicht durch sein Charisma und den Glauben an seine Sendung, sondern dadurch von der klassischen Psychotherapie abweicht, daß er zwar zuhört, aber schließlich doch vorwiegend als Ratgeber, Erzieher, Lehrer, Schulungsleiter oder Trainer tätig wird, kann selbstverständlich Heilerfolge haben. Auch gegen diese ist nichts einzuwenden, sofern sie andauern. Sie sind allerdings in der Regel weniger durchschaubar. Die Patienten werden sozusagen über einen Kamm geschoren, über ein Programm, das der beratende Psychotherapeut entweder zur Gänze oder in seinen Bausteinen von vornherein festgelegt hat. Er liefert „Konfektion“. Er kann die unterschiedlichen Wirkungen auf verschiedene Patienten oft nicht berücksichtigen. Er braucht allerdings auch weniger Zeit für seine Behandlung. – Der klassische Psychotherapeut arbeitet im Vergleich dazu „nach Maß“. Er geht auf die Patienten oder die Familie in allen Aspekten ein, die sie bieten, und versteht in der Regel viel genauer, was in der Psychotherapie geschehen ist.

Über den Anwendungsbereich von Familientherapie sind nicht nur Psychotherapeuten überhaupt, sondern auch Familientherapeuten verschiedener Auffassungen. Viele klassische Psychotherapeuten meinen heute, daß Einzeltherapie ohnedies immer auch Familientherapie sei. Der Patient muß ja im Verlaufe seiner Behandlung vor allem die Beziehungen zu seiner Ursprungsfamilie klären. Es seien aber auch die Beziehungen zu potentiellen oder bereits vorhandenen Lebenspartnern und gegebenenfalls die Beziehungen zu eigenen Kindern wesentliche Themen seiner psychotherapeutischen Arbeit. Die Mitbehandlung anderer Familienmitglieder wäre allerdings nur bei Patienten im Kindes- und Jugendalter erforderlich. Ansonsten genüge Einzeltherapie.

Manche Familientherapeuten vertreten umgekehrt die Auffassung, daß jede psychische Störung überhaupt nur durch die Behandlung der gesamten Familie gebessert oder behoben werden kann (z. B. Bowen 1965, 1978, Ackerman 1966, Minuchin 1974). Das gilt in besonderem Maße für die schwersten Störungen, nämlich für Psychosen. Die Mehrzahl der Familientherapeuten nehmen dagegen eher eine eklektische oder pragmatische Position ein. Gewisse Schulprobleme der Kinder, Arbeits- und Prestigekonflikte Erwachsener, Probleme lediger junger Erwachsener mit Liebespartnern, dem Studium oder den ersten Erfahrungen im Beruf benötigen meist keine Familien- oder Partnertherapien. Einzeltherapien genügen.

Familientherapien werden erst notwendig, wenn erkennbar ist, daß mindestens eine zweite Person in der Familie in das vorgebrachte Problem des Patienten gegenwärtig verstrickt ist. Für Eltern, die mit ihren Kindern nicht fertig werden, für Erwachsene, die mit ihren Eltern unter einem Dach leben oder beruflich zusammenarbeiten und unglücklich dabei sind, für Liebes- und Ehepartner, die miteinander nur manchmal oder gar nicht auskommen, aber sich dennoch nicht trennen wollen, auch für Ehepartner oder sogar für Eltern, die Trennungsabsichten haben, jedoch nicht sicher sind oder einander und den Kindern die Sache weniger schmerzhaft machen wollen, ist Familientherapie indiziert. Dabei sei vermerkt, daß auch eine Trennung in Freundschaft und im gegenseitigen Einverständnis einen relativen psychotherapeutischen Erfolg gegenüber einer Trennung im Haß darstellen kann, insbesondere wenn Kinder im Spiele sind. Schließlich ist Familientherapie für jene Eltern geeignet, die besondere Probleme wie Trunksucht eines der Eltern, ein behindertes oder psychotisches Kind, eine berufstätige Mutter, in der Familie mitlebende Großeltern, Tanten, Tiere oder Untermieter haben, mit denen oder über die sie in Konflikte miteinander geraten sind.

Manche Familientherapeuten halten Familientherapie auch mit einem einzigen Mitglied der Familie im Prinzip für möglich und nützlich (z. B. Bowen 1978). Der Patient arbeitet seine Familienprobleme mit seinen Familienmitgliedern und Angehörigen teilweise zu Hause durch. Wenn gewünscht, können andere Familienmitglieder im Verlaufe der Behandlung des Patienten hinzukommen. Sie sind allerdings wie alle später hinzugekommenen Mitglieder von Gruppen- oder Familientherapie im Nachteil gegenüber den von Anfang an mitmachenden Patienten und dementsprechend auch oft unsicher oder mißtrauisch.

Für wenig gebildete Personen und Familien, für Mitglieder der „Unterschicht" oder von Randgruppen der Bevölkerung ist Familientherapie ebenfalls indiziert, wenn sie häusliche oder persönliche Probleme haben. Solche Personen sind oft weniger gewöhnt, überhaupt über sich und ihre Beziehungen zu anderen zu sprechen. Sie können mit klassischer Einzeltherapie weniger anfangen als andere, aber in der Familientherapie sind sie in ihren Äußerungsformen oft aufrichtiger, mutiger und impulsiver als andere Bevölkerungsgruppen (siehe z. B. Richter 1970, Minuchin 1974).

4.1. Der Familientherapeut

Wenn ein Psychotherapeut nicht ein gewisses Bedürfnis nach Bewährung in der schwierigsten aller psychotherapeutischen Disziplinen hat, wenn ihm die erhöhten Risiken und die Komplexität und Bewegtheit des Geschehens in der Behandlung keine Freude macht, fängt er mit der Familientherapie wahrscheinlich gar nicht erst an. Die Einzeltherapie wäre sicherer und geruhsamer. Falls Familientherapie allerdings Erfolg hat, ist ihr Wirkungsgrad in der Regel größer als bei der Einzeltherapie. Die Familientherapie versucht ja, die Beziehungen der Eltern zueinander und zu ihren Kindern, in der Regel auch die Beziehungen der Kinder untereinander zu verstehen und zu verbessern, und im Erfolgsfalle nützt sie nicht nur den Eltern, sondern auch den Kindern. Sie beeinflußt deren Erwartungen und Interessen letzten Endes auch noch dann, wenn sie selbst darangehen, Familien zu gründen, und sogar die Stimmung in diesen neugegründeten Familien könnte unter anderem von der Familientherapie mitbeeinflußt sein, die zwanzig Jahre früher stattfand.

Wer Familientherapeut wird, will also vielleicht auch diesen höheren Wirkungsgrad erreichen. Er will mit seiner Arbeitszeit mehr tun, als er in der Einzeltherapie für möglich hält. Er will vielleicht auch sozial wirksamer sein als der klassische Einzeltherapeut, insbesondere der Psychoanalytiker. Er will selbst dann erhöht wirksam und sozial tätig sein, wenn dies auf Kosten der Genauigkeit seiner Tätigkeit und seines Verständnisses dessen geschieht, was in der Behandlung passiert.

Auf wissenschaftlichen Kongressen der Familientherapeuten beeindruckt das Ausmaß an Demonstrationen familientherapeutischer Sitzungen mit Hilfe von Ton- und Videobändern. Überraschend ist dabei, wie wenig die berichterstattenden Familientherapeuten manchmal über das Berichten und Vorzeigen dessen, was sie tun, hinaus zu sagen haben. Die persönlichen Eigenarten der verschiedenen Familientherapeuten scheinen mehr zu variieren als die Klientele, über die berichtet wird, oder die Behandlungstechnik selbst. Das mag damit zusammenhängen, daß der Familientherapeut jene Familien für die Berichterstattung aussucht, mit denen er sich am wohlsten und relativ erfolgreichsten gefühlt hat. Es indiziert aber, daß es auf das Berichten und Vorzeigen dessen, was man im komplexen Geschehen der Familienbehandlung tut, derzeit offenbar noch mehr ankommt als auf das theoretische Verständnis der Problematik der präsentierten Familie oder die Begründung des Verlaufes der Behandlung.

Im übrigen machen auch die wissenschaftlichen Veröffentlichungen über Familientherapie, insbesondere die Sammelbände (wie z. B. Boszormenyi-Nagy und Framo 1965, Richter, Strotzka und Willi 1976, oder Peggy Papp 1977), kein Hehl aus diesem Zustand der Familientherapie. Sie ist noch nicht alt. Sie läuft auf mehreren Geleisen, und keiner weiß, wie sich aus den verschiedenen Therapeutenpersönlichkeiten und den Varianten der familientherapeutischen Behandlung eine einheitliche, verläßliche und lehrbare Form entwickeln wird und wie diese optimal aussehen könnte. Daß sie der klassischen Psychotherapie nahestehen und im konkreten Falle in der Regel von ihr ausgehen wird, ist meine langjährige Vermutung.

Wer überhaupt Psychotherapeut wird, von dem darf man erfahrungsgemäß annehmen, daß er selbst psychische Probleme in seinem Leben bzw. in seiner Familie hatte. Diese Probleme übersteigen an Schwere einerseits das, was man in der Bevölkerung im Durchschnitt an psychischen Problemen erwarten kann. Sie sind andererseits nicht so gravierend, daß sie ihn für die psychotherapeutische Tätigkeit disqualifizieren. Er hat die Probleme im allgemeinen lösen oder jedenfalls mit ihnen fertig werden können. Genau das ist allerdings erforderlich, wenn er Psychotherapie betreiben will. Er darf durch eigene ungelöste Probleme nicht in seiner Wahrnehmung und Objektivität gegenüber seinen Patienten behindert sein.

Eine relativ gute Gewähr dafür, daß der angehende Psychotherapeut seine eigenen Probleme soweit gelöst hat, daß sie ihn bei der Behandlung der psychischen Probleme und Konflikte seiner Patienten nicht mehr stören, ist eine eigene Psychotherapie. Eine solche fordern praktisch alle Schulen der klassischen Psychotherapie von ihren Kandidaten. Andere Schulen sind hier weniger streng, und manche wie etwa die Verhaltenstherapie, aber auch manche Kinder-, Gruppen- und Familientherapeuten beginnen ihre psychotherapeutische Tätigkeit unter Aufsicht ihrer Lehrertherapeuten, ohne daß eine eigene psychotherapeutische Behandlung vorangegangen wäre.

Verschiedene Schulen der Psychotherapie unterscheiden sich auch in der Länge und Sorgfalt der psychotherapeutischen Arbeit unter Aufsicht von Lehrtherapeuten. Psychoanalytische Institute gelten als die strengsten. Sie verlangen eine zweijährige psychotherapeutische Tätigkeit unter Einzel- und Gruppensupervision mit mindestens zwei, meistens sogar drei Patienten. Unter Gruppensupervisionen versteht man eine Zusammenfassung mehrerer Kandidaten der Psychotherapie unter einem Lehrtherapeuten, der sie reihum über ihre Fälle berichten und alle dazu kommentieren läßt.

In der Supervision, die bei mindestens zwei verschiedenen Lehrtherapeuten erfolgen soll, lernt der Kandidat im Grunde vor allem die Kontrolle seiner Gegenübertragungstendenzen, d. h. seiner Anfälligkeit für Fehlwahrnehmungen der Äußerungen des Patienten, für Fehldeutungen und für Versuchungen, anders als psychotherapeutisch tätig zu werden (also dem Patienten etwa Ratschläge, Informationen oder gar Aufträge zu geben). Dabei ist eine perfekte Kontrolle kaum je zu erreichen. Auch erfahrene Psychotherapeuten unterliegen gelegentlich solchen Gegenübertragungstendenzen, erkennen sie aber in der Regel rechtzeitig, das heißt, noch ehe sie therapeutisch intervenieren. Die Ausbildungskandidaten der Psychotherapie begehen zunächst noch häufiger solche Fehler, im Laufe der Lehrzeit nehmen diese aber progressiv ab.

Diese Lehrzeit, also psychotherapeutische Tätigkeit unter Einzel- und Gruppensupervision, gilt als der wichtigste Teil der Ausbildung zum Psychotherapeuten. Es wird allerdings manchenorts behauptet, daß kürzere Behandlungen unter Aufsicht mit einer größeren Zahl von Patienten noch lehrreicher wären.

Die Ausbildung als Familientherapeut sollte ähnlich wie jene als Gruppentherapeut erst nach einer abgeschlossenen Ausbildung in der Einzeltherapie erfolgen, meinen fast alle Einzeltherapeuten und auch manche Familientherapeuten. Wenn der Ausbildungskandidat nicht eine eigene Behandlung und den therapeutischen Umgang mit einzelnen Patienten über viele Behandlungsstunden hinweg gelernt hat, könne er den komplizierteren Vorgängen in der Gruppen- und Familientherapie nicht folgen.

Andere Familientherapeuten (z. B. Ackerman 1966, Bowen 1965, Virginia Satir 1967, Richter 1970, Richter, Strotzka, Willi

1976) plädieren dagegen für einen gesonderten Ausbildungsgang in der Familientherapie. Er soll mit einer eigenen Familientherapie des Kandidaten oder mit der Analyse seiner eigenen Familiensituation – sozusagen als Hausaufgabe – beginnen, dann mit dem Beobachten von Familientherapie nach den Protokollen, Ton- und Videobändern oder hinter Einwegscheiben, mit dem Beisitzen in Familientherapien und mit Kotherapeutentätigkeit fortsetzen und mit der eigenen Praxis der Familientherapie im Beisein eines Supervisors, zuletzt ohne diesen, aber mit regelmäßigen Berichterstattungen an ihn abschließen. Ob ein Ausbildungskandidat auch noch eine eigene Einzeltherapie braucht, stellt sich spätestens dabei heraus und würde gegebenenfalls zur Bedingung der weiteren Ausbildung in der Familientherapie gemacht werden.

Es gibt Familientherapeuten beiderlei Provenienz, die ihre täglichen Aufgaben bewältigen, Freude an ihrer Tätigkeit haben und den behandelten Familien zu helfen scheinen. Nicht selten haben sie sogar die andere Seite der Ausbildung ebenfalls kennengelernt. Familientherapeuten, die gleich mit Familientherapie begannen, suchen nachträglich auch noch Aus- oder Fortbildung in Einzeltherapie einschließlich einer eigenen Einzeltherapie, und jene Familientherapeuten, die von der Einzeltherapie kommen, holen ihre eigene Familientherapie bzw. auch die Auseinandersetzung mit ihren Familienmitgliedern nach.

Besonders wichtig ist für beide Gruppen von Familientherapeuten, daß sie auch über ihre Lehrlingszeit, also über ihre therapeutische Tätigkeit unter Aufsicht hinaus in Team-Konferenzen einander über ihre Behandlungsfälle berichten. Dabei geht es in der Regel um die Darstellung der Lebenssituation und Problematik der behandelten Familie sowie um den Behandlungsverlauf einschließlich kurzfristiger und mittelfristiger Ergebniskontrollen.

Kurzfristige Ergebniskontrollen betreffen die Interventionen des Therapeuten, insbesondere die Deutungen von Affekten, Motiven und Konflikten der Patienten innerhalb der einzelnen Behandlungsstunde. Waren sie richtig? Konnten die Patienten sie akzeptieren? Was haben sie für die betreffende Behandlungsstunde erbracht?

Mittelfristige Ergebniskontrollen untersuchen die Wirkungen früherer Behandlungsstunden auf spätere Behandlungsstunden und die noch während der Behandlung beobachtbaren Veränderungen in den Patienten und ihren persönlichen Beziehungen. Nicht selten werden von den berichtenden Therapeuten oder von anderen Mitgliedern des Psychotherapeutenteams Voraussagen über die weitere Entwicklung der Patienten und der Behandlung gemacht, die sich noch im Laufe der Behandlung bestätigen können oder nicht.

Auf diese Weise holt sich der Familientherapeut Rat und Hilfe für die Behandlung zumindest seiner schwierigeren Fälle. Schon durch die Notwendigkeit, anderen überhaupt zu berichten, wird ihm manches klarer als in der solitären Verarbeitung seiner Beobachtungen und Interventionen. Um anderen berichten zu können, muß er in der Regel irgendeine Art von Protokoll über seine Behandlungsstunden führen. Darunter sind nicht Ton- oder Videobänder, sondern die Notizen des Psychotherapeuten gemeint, die er während und/oder nach der Behandlungsstunde macht und die ihm in ihrer kompakten Form jederzeit einen raschen Zugang auch zu früheren Behandlungsstunden gestatten. Ton- und Videobänder würden, wenn sie als Protokolle für den Therapeuten gedacht sind, noch einmal durchgespielt werden müssen. Das wäre in der Regel für die Alltagspraxis der Psychotherapie zeitlich viel zu aufwendig. Es würde allenfalls darauf hinauslaufen, daß sich der Psychotherapeut beim nochmaligen Durchspielen jene les- und nachschlagbaren Notizen macht, auf die er in Zukunft leichter zurückkommen kann und die sich andere Psychotherapeuten eben sofort nach jeder Behandlungsstunde anfertigen.

Dabei gilt nicht für den Anfänger, wohl aber für den routinierten Psychotherapeuten, daß er etwa 10 Minuten für das Protokoll einer Behandlungsstunde von 50 Minuten braucht, etwa 15 bis 20 Minuten für das Protokoll einer anderthalbstündigen Sitzung (wie sie übrigens in der Familientherapie geläufiger ist).

Langfristige Ergebniskontrollen, solche also, die ein halbes, ein, zwei oder mehr Jahre nach Beendigung der Behandlung versucht werden, kommen in den Team-Konferenzen nur sporadisch zur Sprache. Sie liegen eben oft nicht vor. Sie können allerdings auch keinen Behandlungsverlauf so unmittelbar beeinflussen wie die kurz- und mittelfristigen Ergebniskontrollen, es sei denn, die betreffende Familie kommt neuerlich zur Behandlung. Es ist allerdings üblich und wäre auf alle Fälle wünschenswert, daß die psychotherapeutische Klinik oder Beratungsstelle auch ihre langfristige Ergebniskontrolle in irgendeiner Form betreibt, wenn möglich nicht nur durch entsprechende Protokollierung zufälliger Rückmeldungen, sondern eben systematisch, und von Zeit zu Zeit die Befunde im Arbeitsteam berichtet und zur Diskussion stellt.

Eine Voraussetzung für Familientherapie ist unter anderem ein gewisses Alter des Psychotherapeuten. Das gilt hier noch mehr als für die Psychotherapie überhaupt. Eine Person unter 30 Jahren wirkt für die Klienten und Patienten oft nicht glaubwürdig genug. In der Kindertherapie wäre zwar auch ein jüngerer Psychotherapeut glaubwürdig für das Kind, aber nicht für dessen Eltern. Die Arbeit mit den Eltern ist jedoch ein praktisch unentbehrlicher Teil der Kindertherapie. Partnertherapie für junge, noch nicht verheiratete Patienten erfordert ebenfalls psychotherapeutische Arbeit an den Beziehungen der Partner zu ihren Eltern und Ursprungsfamilien, und auch dafür scheint ein gewisser Altersvorsprung des Psychotherapeuten gegenüber seinen Klienten erforderlich. Das gilt erst recht für Eltern mit Kindern. Auch hier zeigen die Eltern gegenüber einem Therapeuten, der seinem Alter nach noch keine Kinder haben kann oder jedenfalls vermutlich oder offensichtlich keine hat, einen unwillkürlichen Widerstand. Man mißtraut seiner Lebenserfahrung. Man hält diese für zu gering. Wenn der Psychotherapeut dagegen ein gewisses Alter erreicht hat, schwindet dieser Widerstand gegen den Psychotherapeuten sogar dann nach kurzer Zeit, wenn dieser de facto kinderlos ist.

Eine weitere Bedingung für die Tätigkeit als Psychotherapeut sind eigene geordnete und relativ stabile Lebensverhältnisse. Er soll seine inneren Probleme und Konflikte nicht nur intellektuell verstanden, sondern auch praktisch nach Möglichkeit gelöst haben. Sonst ist er in seiner Wahrnehmung des Verhaltens, der Emotionen, Motive und Konflikte seiner Patienten und in seiner Interventionsbereitschaft nicht frei genug. Manche seiner Patienten oder Patientengruppen können ihn verwirren, unter Druck setzen oder in Versuchung bringen, insbesondere in die Versuchung, über die psychotherapeutische Beziehung hinaus in eine persönliche Beziehung überzugehen. Eigene geordnete Lebensverhältnisse, zu denen wesentlich eine ständige Partnerbeziehung zählt, aber auch eigene Kinder gehören zu den praktischen Belegen, daß der Therapeut mit seinen inneren Problemen und Konflikten zu Rande gekommen ist. Ein lediger Psychotherapeut weckt im Patienten unweigerlich die Frage, warum er ledig geblieben ist. Wollte er oder konnte er nicht anders? „Wie aber" – fragt sich der Patient – „wird er mir in meinen Liebesproblemen helfen, wenn er seine eigenen Liebesprobleme nicht gelöst hat?"

Das soll übrigens nicht heißen, daß der Psychotherapeut dem Patienten Auskunft über seinen Familienstand schuldet. Er sollte ja dem Patienten nichts über sich selbst erzählen. Er kann aber gelegentliches Übertragungsverhalten wie etwa ein Interesse am Familienstand des Psychotherapeuten zwangloser in eine Erkundung nach dem Anlaß der Frage überführen und den Patienten an dessen eigene Vergangenheit und Wirklichkeit verweisen (etwa mit der Frage: „Wann war es *noch* für Sie wichtig, von jemandem den Familienstand zu erfahren"?), wenn er selbst, der Therapeut, „nichts zu verheimlichen hat."

Das alles gilt in noch höherem Maße für den Familientherapeuten. Dieser muß sich ja sowohl mit Eltern wie mit Kindern, mit Personen vom anderen wie mit solchen vom eigenen Geschlecht identifizieren und in sie einfühlen können, wenn er die Familie verstehen will. Eltern könnten bei einem kinderlosen Therapeuten vermuten, daß er nur die Kinder und nicht sie selbst versteht, die Kinder, daß er sie nicht versteht, wenn er auch sonst den Umgang mit Kindern nicht gewohnt ist. Wenn der Therapeut darüber hinaus auch keinen ständigen Lebenspartner hat, wie kann er dann verstehen, daß sie, die Eltern, zusammenleben wollen oder zumindest wollten und jetzt Konflikte darüber haben?

Erfahrungsgemäß verstricken sich Familientherapeuten, die selbst unverheiratet oder geschieden sind, und noch mehr solche, die für die freie Liebe und die Deponierung der Kinder entweder bei den alleingelassenen Müttern oder Vätern plädieren oder überhaupt gegen die Geburt von Kindern sind, in Gegenübertragungsverhalten mit manchmal verheerenden Folgen für die Therapie und die behandelte Familie. Solche Therapeuten sind oft nicht wohlwollend-neutral, sondern parteiisch, mitunter sogar in übelwollender Form. Sie erkennen nur einen Teil der Wünsche, Interessen und Konflikte der Familienmitglieder. In den anderen Teil sind ihre eigenen Präokkupationen mit hineingemischt. Statt Therapie zu betreiben, schließen sie mitunter Freundschaften oder politische Weggenossenschaften mit den behandelten Familien bzw. mit einzelnen Mitgliedern derselben zum Nachteil der übrigen, letzten Endes zum Nachteil der gesamten Familie.

Wer Familientherapie treibt, kann nicht gut das extratherapeutische Interesse oder Ziel der Auflösung der Familie haben. Im Grunde genommen muß der Familientherapeut durch seine theoretischen und praktischen Erfahrungen in der Psychotherapie und durch seine eigenen Lebenserfahrungen vom biologischen, psychologischen und soziologischen Wert der Familie überzeugt sein. Daß die Großfamilie noch besser wäre als die Kleinfamilie der industriellen Gesellschaften, darf er ebenfalls glauben, ferner daß im Falle von unvollständigen Familien die Kontinuität des Zusammenlebens der verbliebenen Personen, im Falle von Adoptiv- oder Pflegefamilien die weitgehende Annäherung derselben an die Strukturen und Lebensverhältnisse der intakten Familie für die Entwicklung der Kinder günstig wäre. Und an Kindern, an ihren Äußerungen, an ihrer Entwicklung, an ihren emotionalen Bindungen müßte er ein unwillkürliches und spontanes Interesse haben. Ein weinendes Kind müßte ihn in der

Regel innerlich mindestens ebenso bewegen wie ein fröhlicher junger Hund oder ein Schimpansenbaby. Selbst seine Anteilnahme an Tieren überhaupt wäre ein günstiges, wenn auch allein gewiß nicht ausreichendes Omen für seine Qualifikation zum Familientherapeuten.

4.2. Gesprächsführungsregeln für den Familientherapeuten

Die im folgenden angeführten Gesprächsführungsregeln sind jenen der klassischen Psychotherapie entnommen (siehe auch S. 3 ff.) und für die Behandlung einer Gruppe, im konkreten Falle einer Familie, angepaßt. Ihre Handhabung in der familientherapeutischen Praxis ist eine Kunst, die mit der Erfahrung wächst. Die Einhaltung dieser Regeln garantiert noch nicht, daß der Therapeut das Gespräch optimal gelenkt hat. Dagegen konstituiert die Verletzung jeder einzelnen dieser Regeln eine Abweichung von der Gesprächsführungsform der klassischen Psychotherapie und im Sinne dieser einen „Fehler“ (Toman 1978 b).

Daß Familientherapeuten von der klassischen Psychotherapie streckenweise auf verschiedene Arten abweichen, wurde bereits gesagt (S. 114 ff.). Sofern sie jedoch überhaupt Familientherapie betreiben – und nicht Beratung, Lehre, einen Kursus, ein „Training“ oder das Management der behandelten Familie im Sinne haben –, halten sie sich zumindest für eine gewisse Zeit der Behandlungsstunde oder der Behandlung überhaupt an diese Regeln, ehe sie auf andere, nicht im eigentlichen Sinne psychotherapeutische Interventionen übergehen.

Was an Verhandlungen zwischen dem Familientherapeuten oder seinem Sekretariat und mindestens einem Familienmitglied der ersten Familiensitzung vorausgegangen ist, soll uns hier nicht mehr befassen. Auch das Arrangement der Sitzgelegenheiten, der Spielmaterialien, sofern Kinder mit dabei sind, der Beleuchtung und eventueller Ton- oder Videobandaufnahmen betrachten wir als bereits vollzogen. Informationen über die Notwendigkeit der Einhaltung von Terminen, über externe Behinderungen der Patienten und die Form von Absagen, über die Bezahlung oder, im Falle eines für die Familie kostenlosen Therapieangebotes, über den Kostenträger und die Pflicht der Behandlungsstelle, auch anderen Familien zu helfen, nehmen wir ebenfalls als bereits gegeben an; vielleicht noch eine Vereinbarung im voraus, daß die Familie nicht einfach wegbleiben kann, wenn sie nicht mehr zu den therapeutischen Sitzungen zu kommen wünscht. Sie muß dies vielmehr ankündigen und in der betreffenden oder einer nachfolgenden Behandlungsstunde besprechen, ähnlich wie das auch der Familientherapeut selbst tun würde, wenn er die Beendigung der Behandlung vorschlägt.

Die Gesprächsführungsregeln im einzelnen:

1. Der Familientherapeut hört der ganzen Familie aufmerksam und neutral-wohlwollend zu. Alle Familienmitglieder sollen sagen können, was sie wollen. Alle sollen zu Ende sprechen dürfen. Alle sollen versuchen, den anderen Familienmitgliedern zuzuhören, wenn sie etwas sagen. Abweichungen davon darf der Familientherapeut korrigieren. Wenn nötig, belehrt der Familientherapeut die Familie ausdrücklich darüber, daß er diese Richtlinien vorschlägt und selbst einzuhalten versucht.

2. Der Familientherapeut läßt die Familie die Themen bestimmen. Die Familienmitglieder sollen sagen, was ihnen einfällt oder auf dem Herzen liegt. Er führt selbst kein Thema ein. Er belehrt und informiert nicht. Eine Ausnahme sind organisatorische oder praktische Fragen der Behandlungssituation oder des Behandlungsablaufs. Er erzählt nichts von sich selbst und hilft der Familie oder einzelnen Mitgliedern nicht konkret oder materiell. Wohl aber hilft er, die von der Familie eingeführten Themen zu verfolgen und zu entfalten. Er ermuntert zum Einbringen von Beispielen. – Die Familienmitglieder selbst dürfen einander belehren, informieren und von sich selbst erzählen. Außerhalb der Behandlungsstunden können sie überhaupt tun, was sie wollen.

3. Der Familientherapeut kommt nur auf Themen zurück, welche die Familie in der betreffenden Familiensitzung schon angesprochen hat. Er benützt dazu nach Möglichkeit die Gesprächspausen. Dabei gelten Unterregeln.

a) Unter mehreren möglichen Themen wählt der Familientherapeut jenes, das weiter in der Vergangenheit des Familienlebens (eventuell auch jenes, das weiter in der bisherigen familientherapeutischen Behandlung) zurückliegt. Wenn die Familie längere Zeit bei Themen der Vergangenheit weilte, kann er auch auf das rezentere Thema zurückkommen. – Wenn z. B. eine von zwei erwähnten Geburtstagsfeiern vor mehreren Jahren stattfand, die andere vor wenigen Wochen, interessiert den Therapeuten jene vor mehreren Jahren zuerst.

b) Unter mehreren möglichen Themen greift der Familientherapeut jenes auf, das für die Familie oder mindestens ein Familienmitglied affektgeladen war oder dem Inhalt nach affektgeladen hätte sein müssen, auch wenn die Familie oder das Familienmitglied keinen Affekt zeigte. – Eines der Kinder verstummt beispielsweise plötzlich, nachdem es sich zunächst an der Schilderung besonders schöner Sommerferien der Familie beteiligt hatte. Die Nachfrage ergibt, daß es im darauffolgenden Herbst nicht mehr mit seinem besten Freund zur Schule ging, weil es nämlich nicht (wie dieser) in die nächste Klasse versetzt wurde.

c) Unter mehreren möglichen Themen kommt der Familientherapeut auf jenes zurück, in dem äußere oder innere Konflikte der Familie erkennbar sind. Dabei kann es sich sowohl um vergangene wie gegenwärtige Konflikte in der Alltagswirklichkeit der Familie wie auch um Konflikte in der Behandlungssituation selbst handeln. – Die Mutter bezeichnet etwa die bereits erwähnten besonders schönen Sommerferien der Familie als gar nicht schön für sie. Es stellt sich in der Erkundung heraus, daß sie ein kleines Haus gemietet hatten, in dem sie die gesamte Hausarbeit machen mußte. Der Vater kümmerte sich um nichts und flirtete mit einer Urlauberin.

d) Wenn Affekte oder Konflikte der Familie oder mindestens eines der Familienmitglieder sich auf den Familientherapeuten selbst beziehen, ohne daß dieser seines Wissens einen realen Anlaß dazu gegeben hat, regt der Familientherapeut an, nach ähnlichen Affekten oder Konflikten in der Vergangenheit und Alltagswirklichkeit der Familie oder des betreffenden Familienmitgliedes zu suchen. Dieser Anregung kann eine Frage nach dem unmittelbaren Anlaß des Affekts oder Konflikts in der Behandlungssituation vorangehen. – Der Vater behauptet zum Beispiel, die Familientherapeutin ergreife die Partei seiner Frau und seiner Tochter. Auf die Frage, woran er das zu erkennen glaube, antwortet der Vater, daß sie, die Familientherapeutin, seinen Standpunkt (gleiches Recht für alle; Mädchen sind keine Prinzessinnen; auch sie dürfen sich die Hände schmutzig machen) überhaupt nicht zur Kenntnis genommen habe. (Tatsächlich hatte aber die Familientherapeutin selbst der Familie diese zusammenfassenden Deutungen gegeben, ohne allerdings dafür oder dagegen Stellung zu nehmen.) Wann habe er, der Vater, oder die Familie sonst den Eindruck gehabt, daß man sich gegen die Männer stelle und die Partei der Frauen ergreife? könnte die Familientherapeutin sodann fragen.

Diese Regel (d) betrifft offensichtlich die Handhabung des Übertragungsverhaltens von Patienten durch den Therapeuten (siehe auch S. 4, 15). In einer Gruppe werden aber Affekte und Konflikte ohne unmittelbaren Anlaß nicht nur auf den Therapeuten, sondern auch auf andere Gruppenmitglieder gerichtet. Gruppenmitglieder zeigen auch Übertragungsverhalten gegenüber einander. In solchen Fällen interveniert der Familientherapeut auf die gleiche Weise. Er schlägt vor, die unmittelbaren Anlässe des jeweiligen Affektes oder Konfliktes zu erkunden und fragt nach ähnlichen Affekten und Konflikten in der Vergangenheit und Alltagswirklichkeit der Gruppenmitglieder bzw. der Familie. Die Schwierigkeit dabei ist allerdings, daß die Gruppen- bzw. die Familienmitglieder nicht verpflichtet sind, auf Übertragungsverhalten anderer Gruppen- oder Familienmitglieder therapeutisch zu reagieren. In der Regel tun sie vielmehr das Gegenteil. Sie reagieren so, wie ihnen auf den entgegengebrachten Affekt oder Konflikt zumute ist. Sie werden selbst affektiv. Sie wehren sich. Sie attackieren zurück oder geben den anderen nach. Der Therapeut aber hat Mühe, Einbildung und Wirklichkeit zu unterscheiden oder an den Anfang einer solchen Auseinandersetzung zurückzukommen, in der sozusagen ein Wort das andere gab. Gefahren der Gegenübertragung, der vorgefaßten Meinungen und Parteinahmen bestehen dann für den Familientherapeuten fast immer.

In der Familientherapie gibt es im Vergleich zur Gruppentherapie eine zusätzliche Komplikation: Manche dieser Übertragungsverhalten von Familienmitgliedern auf andere Familienmitglieder treten nicht erst in der Behandlungsstunde auf, sondern haben schon lange vor Beginn der Behandlung bestanden. Man nennt sie auch langfristige Übertragungen. Sie sind chronische Mißverständnisse des anderen im Lichte eigener Wünsche und Erfahrungen aus der Vergangenheit.

Eine Mutter glaubt beispielsweise, daß die Kinder sie ausnützen und nicht selbständig werden wollen und daß der Vater die Kinder dabei unterstützt. (Sie war selbst in ihrer Kindheit mehrere Jahre bei Pflegeeltern gewesen, erst zur Schulzeit wieder zu ihren leiblichen Eltern zurückgekehrt, dann aber zur „Förderung ihres Altruismus und ihrer Selbständigkeit" auf Wunsch des Vaters in ein Internat gekommen.) Oder ein Kind meint, daß es gegenüber einem anderen Kind der Familie schon immer benachteiligt wurde. (Das Kind ist die mittlere Schwester eines älteren Bruders und einer jüngeren Schwester, fühlte sich durch die Geburt der letzteren erschüttert und fortan von den Eltern und vom Bruder zu wenig geliebt und deutet jede Einschränkung ihrer Wünsche als einen Beweis dafür.) Oder ein Vater fürchtet, daß sich sein Sohn zu einem aggressiven und bösen Menschen entwickeln könnte. (Der Vater selbst hatte in seiner Kindheit einen strengen Vater zu ertragen, durfte sich nie gegen ihn auflehnen und verlor ihn in seiner Jugend durch ein Lawinenunglück, bei dem er selbst unversehrt blieb.)

Solche langfristigen oder chronischen Übertragungen unter den Familienmitgliedern erfordern nicht nur wie bei der Aufhellung von akutem Übertragungsverhalten, die Sache nach Anlässen innerhalb der Behandlungssituation zu erkunden, sondern auch im kontemporären und vergangenen Familienleben. Außerdem führen die Beispiele ähnlichen Verhaltens in der eigenen Vergangenheit und Alltagswirklichkeit, auf welche der Familientherapeut sodann weiterlenken darf (und soll), oft zu neuerlichen Kontroversen. Familienmitglieder können sich an die dargestellten Ereignisse und Konflikte manchmal gar nicht erinnern. Manchmal können sie sich erinnern, haben aber ganz andere Ansichten davon als das berichtende Familienmitglied.

4. Im Gespräch mit der Familie versucht der Familientherapeut, auch die objektiven Lebensumstände der Familie einschließlich jener der Eltern in deren Ursprungsfamilien zu erkunden. Widersprüchliche Darstellungen der Familie muß er entweder nebeneinander gelten lassen oder eine Version suchen, die allen Beteiligten genügen könnte, sofern das Thema wieder zur Sprache kommt.

Bei diesen Erkundungen der objektiven Lebensumstände werden keine der übrigen Gesprächsführungsregeln preisgegeben. Der Familientherapeut darf nachfragen, aber er muß, wenn die Familie nicht darauf eingeht oder wenn sie abschweift, sich fügen und Erkundungen der objektiven Einzelheiten mitunter lange aufschieben. Gelegentlich bleibt ein Umstand bis zum Ende der Behandlung objektiv ungeklärt.

Der Familientherapeut gestattet allen Familienmitgliedern, sich nach solchen objektiven Umständen ihres Familienlebens zu erkundigen. Dabei brauchen sich die Familienmitglieder selbstverständlich nicht wie der Therapeut zu verhalten, sofern alle Familienmitglieder zu Wort kommen, wenn und wann sie wollen, und zu Ende sprechen dürfen.

5. Der Familientherapeut versucht, ähnlich wie in der Einzel- oder Gruppentherapie, das Familiengespräch durch Kommentare, Fragen, geäußerte Vermutungen, manchmal durch Interpretationen oder Deutungen in Gang zu halten.

Deutungen oder Interpretationen sind Nennungen von Affekten, Motiven, Interessen oder Konflikten der Familie, welche einer längeren Sequenz von Äußerungen der Familie, einem größeren Teil des Familiengesprächs oder der gesamten bisherigen Gesprächsstunde zugrunde zu liegen scheinen. Deutungen haben in der Regel einen höheren Neuheitswert für die Familie als Kommentare oder Fragen des Therapeuten. Sie können die Familie oder einzelne Mitglieder überraschen, manchmal in Angst oder Ärger versetzen, manchmal erfreuen, manchmal auch deprimieren.

Deutungen gelten in der Regel erst als akzeptiert, wenn alle Familienmitglieder sie akzeptiert haben. Provisorisch kann sich der Familientherapeut auch mit einer Mehrheit begnügen. Die Auseinandersetzungen darüber können länger dauern und sich auch über mehrere Behandlungsstunden erstrecken. Wenn die Familie vom gedeuteten Thema abkommen möchte, gestattet dies der Familientherapeut, hofft aber, daß es später wieder aufkommt, oder trachtet sogar selbst im Rahmen der Gesprächsführungsregeln, es wieder aufzugreifen.

In seinen Interventionen (Kommentaren, Fragen, Vermutungen, Deutungen) versucht der Familientherapeut, den Interessen und Äußerungswünschen der Familie als Ganzes zu folgen, ohne allerdings die Einzelinteressen und -wünsche der Familienmitglieder deswegen außer acht zu lassen. In den Protokollen über seine Familientherapiesitzungen ist er bestrebt, vor allem die Themenverläufe aufzuzeichnen. Auf die einzelnen Familienmitglieder nimmt er dabei nicht unbedingt Bezug.

6. Der Familientherapeut versucht, mit den Themen der Familie mitzugehen und mitzudenken. Er prüft Themen- und Verhaltensabläufe in der Familiensitzung einschließlich seiner eigenen Interventionen auf interne Konsistenz und übergreifende Zusammenhänge. Dies tut er im stillen schon während der Familiensitzung, auf jeden Fall aber im Anschluß an diese, wenn er sich seine Notizen macht. Was wollen die einzelnen Familienmitglieder nicht nur bewußt und deklariert, sondern auch heimlich oder unbewußt, und wo geraten sie dabei miteinander besonders in Konflikt? Etwa so muß der Familientherapeut sich fragen. Dabei bezieht er sich nicht nur auf die jeweilige Fami-

liensitzung, sondern auch auf die vorangegangenen und auf den Lebensgang und die Lebenssituation der Familie, soweit sie ihm bereits bekannt sind.

7. Wenn Familienmitglieder gelegentlich selbst psychotherapeutisch auf andere Familienmitglieder oder die Familie als Ganzes reagieren und so intervenieren, wie auch der Familientherapeut es getan hätte, duldet dies der Familientherapeut.

8. Wenn ein Familienmitglied bei einem solchen Versuch eine oder mehrere Gesprächsführungsregeln nicht einhält, wartet der Familientherapeut, ob andere Familienmitglieder daran Anstoß nehmen. Wenn dies nicht geschieht und wenn die Familie nicht bereits zu anderen Themen übergegangen ist, interveniert er selbst gemäß den Gesprächsführungsregeln.

9. Wenn ein Familienmitglied häufig oder regelmäßig psychotherapeutisch interveniert, dann kommentiert oder deutet der Familientherapeut das Verhalten dieses Familienmitgliedes. Dies tut er auch dann, wenn das betreffende Familienmitglied in seinen Interventionen die Gesprächsführungsregeln einhält und wenn von den übrigen Familienmitgliedern kein Einspruch kommt. Die Familie kann sich sodann überlegen, ob sie auch weiterhin keinen Einspruch dagegen erheben will, obwohl sich dieses Familienmitglied dadurch zum Teil dem Familiengespräch entzieht. Soll das betreffende Familienmitglied ein zweiter Therapeut werden? Ist der Familientherapeut überflüssig geworden? Kann die Behandlung bereits beendet oder fortan zu Hause fortgeführt werden? Sollen alle Familienmitglieder manchmal auch Therapeuten spielen dürfen? Oder soll der Familientherapeut ein Mitglied der Familie werden? Solche und ähnliche Fragen können dabei zur Diskussion kommen.

10. Langfristiges Ziel der Gesprächsführung ist die Fortsetzung des Familiengesprächs auch außerhalb der Behandlungssituation und über die Beendigung der Behandlung hinaus. Wenn die Familienmitglieder gemerkt haben, daß man nicht nur selbst, sondern daß auch die anderen manchmal etwas sagen möchten, und wenn sie zumindest gelegentlich die anderen etwas sagen lassen, wenn sie die anderen zumindest manchmal nicht

unterbrechen und wenn sie zuzuhören versuchen, ist bereits ein Minimalziel der Familientherapie erreicht. Dabei schadet es nichts, wenn die Familienmitglieder, mindestens eines, aber vielleicht sogar alle, in ihren Reaktionen und Antworten manchmal so klingen wie seinerzeit der Familientherapeut. Sie haben von ihm für den Umgang miteinander eben einiges gelernt.

Wenn sie darüber hinaus auch in ihren Handlungen besser aufeinander eingehen können; wenn sie sich selbst und die übrigen Familienmitglieder besser kennen und genauer wissen, was jeder will, wonach er sich sehnt und wovor er sich fürchtet; wenn sie nicht nur ihre eigenen Wünsche und Interessen innerhalb und außerhalb der Familie erfolgreicher und angstfreier verfolgen können, sondern auch ihren Familienmitgliedern helfen können, dies zu tun; wenn ihnen das Zusammenleben miteinander mehr Spaß als früher macht; wenn sie sich von der Familie ohne Schuldgefühle auch länger als bisher entfernen können oder wenn sie im Bedarfsfalle umgekehrt für längere Zeit als sonst in den Schoß der Familie zurückkehren dürfen, ohne dafür beschimpft oder schließlich um so heftiger ausgestoßen zu werden; wenn sie bei ihren eigenen Freundschaften und Partnerschaften außerhalb der Familie von den Familienmitgliedern nicht gehindert, vielleicht sogar verstanden und ermuntert werden; wenn solche Freunde und Partner in die Familie kommen und damit rechnen können, daß auch sie sich äußern und zu Ende sprechen dürfen und daß man versuchen wird, ihnen zuzuhören; letzten Endes, wenn die jungen Familienmitglieder sich mit ihren Freunden und Partnern eigene Familien zu gründen und ein einigermaßen befriedigendes Zusammenleben in ihren Familien erreichen können ... dann hat die Familientherapie mehr als ihren möglichen Minimalerfolg gehabt.

Die Ziele der klassischen Einzeltherapie gehen in die Ziele der Familientherapie unausgesprochen mit ein. In der klassischen Einzeltherapie soll dem Patienten geholfen werden, verloren geglaubte Lebens-, Betätigungs- und Befriedigungsmöglichkeiten zurückzugewinnen, insbesondere solche, auf die auch die meisten anderen Menschen nicht verzichten müssen. Inhaltlich etwas detaillierter zielt die klassische Psychotherapie auf die Verbesserung der Befriedigungsmöglichkeiten der Entspannungs-, Erholungs- und Passivitätswünsche und/oder der Aktivitäts-, Kampf-, Wettbewerbs- und Kooperationsbedürfnisse und/oder der heterosexuellen Liebesinteressen des Patienten ab. Zu letzteren gehört auch die Verbesserung der Anstrengungsbereitschaft im Bemühen um jene Personen, die man als Liebespartner wirklich haben möchte, sowie der Bereitschaft, gegebenenfalls auf sie zu warten (siehe auch Toman 1978 a, b).

Alle diese Ziele sind im bescheideneren expliziten Ziel der Fortsetzung des Familiengesprächs auch außerhalb und nach Beendigung der Familientherapie im Grunde enthalten. Dieses bescheidenere Ziel gestattet dem Familientherapeuten, sich auch auf psychotherapeutische Versuche mit Familien einzulassen, die sich nicht voll oder nicht einmal teilweise engagieren wollen, die nur wenig Zeit haben, die mitunter bereit sind, lediglich für eine einzige Familiensitzung zuzusagen. Wenn der Familientherapeut solchen Familien implizit demonstrieren kann, daß ein Familiengespräch möglich ist, daß sie sich nichts vergeben und nichts verbauen, wenn sie Familientherapie versuchen, daß sie in ihrer Alltagswirklichkeit immer noch alles genau so tun können, wie es ihnen vor Beginn der Behandlung vorschwebte, daß ihnen nichts ein- oder ausgeredet wird und daß sie, wenn sie keinen weiteren Gebrauch vom Angebot der Familientherapie machen wollen, deswegen keine Schuldgefühle zu haben brauchen, daß sie vielmehr zu einem späteren Zeitpunkt neuerlich vorsprechen können, hier oder woanders, selbst wenn also nur „so wenig“ erreicht werden kann, ist der Versuch der Familientherapie nicht sinnlos.

Das ist weitab vom Ideal der frühen klassischen Einzelpsychotherapie, nach welchem das gesamte Erfahrungs- und Erlebnisgut des Patienten, alle Wünsche und Enttäuschungen, alle Ängste, Aggressionen und Depressionen seines bisherigen Lebens im wesentlichen durchgearbeitet werden müssen, ehe man die Behandlung beenden kann. Es ist aber realistisch. Man bedenke hier, daß Freud sogar für die Psychoanalyse eines Tages fragte, ob sie denn überhaupt beendbar sei (Freud 1937). Er empfahl den Psychoanalytikern, sich mit einem gewissen Ausmaß an psychotherapeutischer Behandlung ihrer Patienten und gegebenenfalls auch mit beschränkten Erfolgen und Teilerfolgen zu begnügen. Es sei zu hoffen, daß solche Patienten auch nach Beendigung der Behandlung psychotherapeutisch an sich weiterarbeiten werden und daß ihnen an manchen Stellen sogar das Leben oder Schicksal zu Hilfe kommt.

Für die Familientherapie folgt jedenfalls, daß sie tätig werden sollte, wie und wo immer sie kann. Die psychischen Leiden, die im Familienleben entstehen können, sind so folgenschwer und Familien so wichtig für die Erhaltung der Menschheit, daß auch das kleinste Angebot von Hilfe zählt.

Das impliziert nicht, daß jedermann bzw. jede Familie Familientherapie braucht. Sie würde allerdings wahrscheinlich nur in wenigen Fällen *nicht* von Nutzen sein. Vielen Familien bietet das, was die Eltern von ihren Ursprungsfamilien mitbekommen haben, was sie in der Verwandtschaft, von Freunden und in der Nachbarschaft erfahren haben und was sie mit ihren eigenen Kindern erleben, genügend Anreiz zu gelegentlichen spontanen Familiengesprächen. Diese sind manchmal auch als Aussprachen deklariert. Gar nicht selten wird das Sprechen miteinander sogar zu einer Dauereinrichtung. Allgemeine freie Gespräche der Familienmitglieder finden etwa zu bestimmten Mahlzeiten oder am Abend oder an Wochenenden statt, auch zu Festtagen oder in den Ferien. Sogar die Massenmedien regen mit manchen ihrer Sendungen zu Familiengesprächen an, obwohl diese Sendungen oder Texte im Vergleich zu den Erfahrungen der Familie am eigenen Leib nur sekundär wirksam werden können. Manchmal kreieren sie sogar mehr Mißverständnisse und Unsicherheit, als die Medienautoren und Regisseure ahnen. Ihre Botschaften sind oft mit Halbwissen und Ideologien durchtränkt, die nicht immer und nicht von allen Adressaten ausgesiebt werden können.

Noch ein Wort über das Angebot von Familientherapie. Es sollte natürlich ein gut qualifiziertes Angebot sein. Das bedeutet in der Regel: Ein an der klassischen Psychotherapie orientiertes Angebot, in dem die Familientherapeuten die Ausbildungsbedingungen für Familientherapie erfüllt sowie Familientherapie unter Supervision praktiziert haben und auch jetzt noch in Team-Konferenzen an der Verbesserung ihres Verständnisses sowohl der Familienproblematiken wie auch ihrer eigenen Interventionen arbeiten (siehe S. 128 ff.). Es müßte ein Angebot sein, in dem den Familien mindestens so lange zugehört wird, bis alle Familienmitglieder sich wenigstens teilweise verstanden fühlen. Erst dann dürften, wenn überhaupt, Übungen jedweder Art angeregt oder Ratschläge und Aufträge an die Familie erteilt werden.

4.3. Beispiel einer Familientherapiesitzung

Im folgenden Familiengespräch ist ein Teil desselben wörtlich wiedergegeben. Dabei wurden auch jene nicht verbalen Äußerungen der Klienten erwähnt, die besonders deutlich waren oder den Gesprächstext wesentlich ergänzten.

Zur Veranschaulichung der komplexen Vorgänge im familientherapeutischen Gespräch hat der Verfasser auch die wichtigsten Eindrücke, Überlegungen und Gedanken des Familientherapeuten angeführt, und zwar in den rechten Seitenhälften ungefähr an jenen Stellen, an denen sie auftraten. Diese Eindrücke, Überlegungen und Gedanken behielt der Familientherapeut selbstverständlich für sich. Sie verzögerten auch an keiner Stelle den Gang des Gespräches.

Der Autor hofft, daß diese Eindrücke, Überlegungen und Gedanken dem Leser das Verständnis für die Interventionen des Familientherapeuten, für deren Zeitpunkte sowohl wie für deren Inhalte, verbessern. Dem Leser wird empfohlen, auch andere Interventionsmöglichkeiten zu erwägen und mit jenen des Familientherapeuten zu vergleichen.

4.3.1. Ein Erstgespräch

Frau M. sucht Hilfe bei der Familienberatungsstelle, weil sie sich von ihrem Mann trennen möchte. Sie gibt an, daß sie eine sechsjährige Tochter und einen dreijährigen Sohn habe, der noch nicht spreche. Ihr Mann sei Hoteldirektor, sie selbst zu Hause. Sie habe aber im Rahmen der gesellschaftlichen Verpflichtungen ihres Mannes viel zu tun. Ihr Mann sei bereit, zur Beratungsstelle zu kommen. Ihre Kinder wolle sie nicht mitbringen. Sie habe eine Kinderfrau, welche die Kinder an vier Wochentagen betreut.

Herr und Frau M. kommen am frühen Nachmittag zu einem ersten Familiengespräch. Frau M. ist etwas auffällig gekleidet und geschminkt, mittelgroß, nicht unhübsch, vermutlich etwas über dreißig Jahre alt. Ihr Mann ist ebenfalls mittelgroß, gut aussehend und konservativ gekleidet. Er wirkt jugendlicher als sie, obwohl er vermutlich von etwa gleichem Alter ist wie sie. Die beiden stellen sich dem Therapeuten vor und nehmen in den bequemen Lehnsesseln gegenüber dem Therapeuten Platz. Zwischen ihnen und dem Therapeuten steht ein kleiner runder niedriger Tisch mit Aschenbecher. An der Seite ist ein großes Wandregal, das ein Vorhang zudeckt. Dahinter befindet sich Kinderspielzeug. – Frau M. blickt durch das Zimmer, Herr M. auf den Therapeuten (Th).

Th (nach einer Weile): Was bringt Sie zu mir?

Frau M.: Ich weiß nicht, mit wem ich am Telefon gesprochen habe und was Ihnen die Dame erzählt hat ...

Th (breitet die Hände flüchtig aus und blickt zu Herrn M., dann wieder zu Frau M. und wartet).

Frau M. soll es selbst noch einmal erzählen, auch damit es Herr M. hört.

Frau M.: Wir haben vielleicht ein behindertes Kind. Wir haben auch Schwierigkeiten miteinander (sie deutet auf Herrn M.).

Th (blickt Herrn M. an).

Herr M.: Wir haben zwei Kinder, Inge und Peter, und über Peter ist zu sagen, daß er mit drei Jahren noch nicht spricht. Das nennt meine Frau behindert, aber Peter versteht alles, was man von ihm will. Er ist geschickt mit den Händen, körperlich kräftig, normal groß, sagt unsere Kinderärztin.

Herr M. scheint Sympathie für Peter zu haben.

Th: Sie und Ihre Frau sind hier unterschiedlicher Meinung?

Frau M.: Eigentlich nicht. Ich nenne das beschönigend 'behindert', aber man könnte es auch 'geistig zurückgeblieben' nennen, oder 'debil', heißt das, glaube ich.

Frau M. ist über Peter verärgert.

Th (zu Herrn M. blickend): Dieser Meinung sind auch Sie?

Herr M.: Ich glaube nicht, daß Peter debil ist. Ich glaube, daß er psychologische Gründe dafür hat, nicht zu sprechen. Die würde ich gerne wissen. Auch unsere Kinderärztin ist nicht der Meinung. Sie hält ihn für durchschnittlich intelligent (zu Frau M. gewandt): Du bist die einzige, die das behauptet. Warum sollte er debil sein, wenn Inge sogar überdurchschnittlich intelligent ist?

Frau M. (zu Herrn M.): Deswegen kann das zweite Kind immer noch debil sein. Du willst

Gibt Frau M. Herrn M. die Schuld für Peters Handikap?

nichts über Vererbung wissen. Alles ist psychologisch. Daß ich nicht lache! Du hast eben Deine Gründe . . .

Th (blickt Herrn M. an, wartet, ob er antwortet und fragt ihn schließlich): Haben Sie Gründe?

Herr M.: Ich habe wissenschaftliche Gründe. Ich glaube zumindest, daß es solche wissenschaftlichen Gründe gibt, aber meine Frau meint wahrscheinlich auch noch etwas anderes.

Herr M. bemüht sich, sachlich und verständig zu sein.

Th (zu Frau M. gewandt, kurz wartend): Ja?

Frau M.: Das kann er ja auch selbst sagen, wenn er weiß, was ich meine.

Th (blickt Herrn M., dann Frau M. an; schließlich): Ich weiß es jedenfalls nicht.

Erzählt es mir! Äußert euch!

Herr M.: Ich wurde als uneheliches Kind geboren, habe meinen Vater nie gekannt. Meine Frau meint, mit meinem Vater kann nicht alles richtig gewesen sein. Von ihm habe Peter den Knacks bekommen.

Frau M. (auf Herrn M. zeigend): Seine Mutter ist auch keine geistige Koryphäe, aber sein Vater hat einen moralischen Defekt gehabt.

Meint sie, Herr M. ist von „minderwertiger Abstammung"?

Th (blickt fragend Frau M., dann Herrn M., dann wieder Frau M. an).

Herr M.: Mein Vater war angeblich ein Waffen-SS-Mann. Meine Mutter war Volksdeutsche in Un-

„Böser Soldat" hat „braves Mädchen" geschwängert?

garn. Wir zogen nach dem Krieg über Österreich nach Deutschland.

Th: Wer ist 'wir'?

Herr M.: Meine Mutter und ich. Meine Mutter arbeitete zuerst als Putzfrau und dann als Verkäuferin und schließlich für die Lufthansa.

Frau M. (schnippisch): Sie macht die Küche.

Th: Ja? Was heißt das?

Frau M. (auf Herrn M. deutend): Das ist sein Ressort.

Th (Herrn M. anblickend, dann wieder Frau M.): Nämlich?

Herr M.: Sie hat mit der Fluggastverpflegung zu tun. Sie hilft, Menüs zusammenzustellen, und verhandelt mit den Lieferanten.

Th (zu Frau M. gewendet): Das meinten Sie mit der Küche und seinem Ressort, dem Ressort Ihres Mannes?

Frau M.: Mehr oder weniger. Philipp ist in der Hotelbranche tätig. Er versorgt und verpflegt die Gäste. Und in der Küche schnüffelt er auch gerne herum. Er kann besser kochen als ich.

Herr M.: Das würde ich nicht sagen, aber es macht mir nichts, auch selbst einmal zu kochen. Viele Männer tun das nicht, oder wollen es nicht. Herta kocht nicht gerne, aber sie *kann* kochen, wenn sie will.

Th (zu Herrn M. gewandt): Und Ihre Mutter hat auch mit der

Seine Mutter ist anscheinend wirklich „brav" gewesen.

Aber Frau M. mag sie (ihre Schwiegermutter) nicht.

Sie hat es zu etwas gebracht!

Wie sieht Frau M. den Beruf ihres Mannes?

Sie wertet seinen Beruf und ihn ab.

Es macht ihm nichts, etwas „Unmännliches" zu tun?

Küche oder in der Hotelbranche zu tun? (zu Frau M. gewandt): Sie betreut die Fluggäste?

Frau M.: So ungefähr . . .

Th (nach kurzer Pause): Und wie sagten Sie noch: Sie sei keine 'geistige Koryphäe'?

Frau M. soll mehr über ihre (Rivalitäts-)Gefühle gegenüber ihrer Schwiegermutter äußern.

Frau M.: Na ja . . . Sie hat zumindest keine geistigen Interessen. Sie kennt nur ihre Arbeit und ihren Philipp. Das war ihr Lebensinhalt. So hat sie ihn auch in die Hotelbranche dirigiert.

Seine Mutter ist nur an ihm interessiert, meint sie, und nicht an ihr (an Frau M.).

Herr M.: Meine Mutter hat mich nirgendwohin dirigiert. Sie hat mich finanziell unterstützt. Sie hat mir das Studium bezahlt. Ich wohne seit meinem zwanzigsten Lebensjahr nicht mehr bei ihr. Ich hatte Wirtschaftswissenschaften studiert, nach meinem Diplom eine Stelle angenommen und mich später noch einmal verbessert.

Die Gefahr der zu großen Mutterbindung bei Vaterverlust (und eventueller homosexueller Tendenzen) wurde anscheinend überwunden.

Th: Sie arbeiten in einem Hotel?

Herr M.: Ich leite das Hotel G. und habe auch in der Verwaltung der Hotelkette eine Stimme.

Herr M. hat es (ebenfalls) zu etwas gebracht. Ärgert sich Frau M. auch darüber?

Th (zu Frau M. gewandt): Haben Sie auch damit zu tun?

Frau M. (mit einer wegwerfenden Geste): Gelegentlich. Bei Empfängen bin ich manchmal dabei. Gelegentlich helfe ich aus . . .

Ja, sie ärgert sich, scheint es.

Th: Aber?

Frau M.: Was aber?

Th: Ich hatte den Eindruck, daß Sie davon nicht begeistert sind.

Frau M.: Das ist sein Geschäft (auf Herrn M. zeigend), und er

Sie verachtet ihn und seine Arbeit.

geht darin auf. Ich habe mit den Kindern und dem Haushalt zu tun und sehne mich nach anderen Dingen als nach Hotelempfängen und Tafelarrangements.

Th: Wonach sehnen Sie sich?

Frau M.: Ich bin für Theater und Konzerte. Ich lese gerne, und zwar Literatur, nicht Geschäftsberichte und den Wirtschaftsteil der Zeitung. Das sind seine Spezialitäten. Auch Malerei interessiert mich. Ich liebe Bilder, Ausstellungen und Museen. Ihn interessiert der Preis von Bildern und die Investition in den 'Kunstmarkt', wie er sagt.

Sie liebt kultiviertere und genußreichere Beschäftigungen.

Th: Sie und Ihr Mann haben verschiedene Interessen, die sich Ihrer Meinung nach nicht ganz vertragen.

Stellen wir einmal die Lage fest und sehen wir weiter.

Frau M.: Das ist milde gesagt. Wir haben überhaupt keine gemeinsamen Interessen, nicht nur in dieser Hinsicht.

Th: Sie haben geistige oder kulturelle Interessen, und Sie (zu Herrn M. gewandt) haben wirtschaftliche Interessen?

Wie weit reichen denn eure Interessensdifferenzen?

Herr M.: Nicht nur. Mich interessieren Theater und Konzerte auch. Ich schätze allerdings die Klassiker mehr als die Modernen. Die sind mir zu verrückt, aber gerade das mag Herta. Je verrückter und phantastischer, desto begeisterter ist sie. Das ist nichts für mich. Ich möchte mich angenehm entspannen. Ich interessiere

Er ist der Realist, sie die Phantastin? Ist er eifersüchtig?

mich auch für wissenschaftliche Errungenschaften, doch zur Entspannung und nach der langen Tagesarbeit ist mir leichte Unterhaltung lieber. Und gesellig bin ich lieber mit Leuten, die ich verstehe und die auf dem Boden der Wirklichkeit stehen. Herta hält es mehr mit den Genies, mit Theatermenschen und verschrobenen Malern. Ich bin nicht einmal sicher, ob sie nicht mit einer dieser verkrachten Existenzen ein Liebesverhältnis hat . . .

Th (blickt Frau M. an, dann wieder Herrn M.).

Frau M. (zu Herrn M.): Von einem solchen Verdacht höre ich das erste Mal. Aber wenn wir schon dabei sind, dann möchte ich auch auf Deine Tippmamsell hinweisen, die Frau Rattemeier. Ich habe den Verdacht, daß Du mit ihr etwas hast, und vielleicht noch mit einem anderen der kleinen Mädchen in der Hotelbranche, mit einer Frühstückskellnerin oder einer netten kleinen Gastarbeiterin, die Wannen waschen und Betten machen muß. Solche Mädchen freuen sich, wenn sie sich mit dem Herrn Direktor auch einmal ins Bett legen dürfen. Ich habe sogar den Verdacht, daß Du mit Deinem Segel- und Ruderclub mehr verschwägert bist, als einem Mann ansteht. (Zu Th gewandt): Ist mein Philipp nicht ein schöner Mann? So etwas

Ist sie (ihrerseits) eifersüchtig? Jedenfalls gibt sie es ihm kräftig. Sogar Homosexualitätsverdacht äußert sie (als Erklärung für seine zu geringe Liebe).

müssen doch Frauen *und* Männer lieben. Sollen sie doch alle glücklich werden mit ihm (sich zu Herrn M. wendend), aber mir ist das, was Du zu bieten hast, nicht an Geld, aber an Interesse, an Verständnis, das ist mir zu wenig . . .

Th (nach einer kurzen Pause, zu Herrn M. gewandt): Hören Sie das Ihrerseits zum ersten Mal?

Herr M.: Nein. Am Anfang unserer Ehe oder, besser gesagt, nach der Ankunft unseres ersten Kindes habe ich das öfter von ihr gehört und (zu Frau M. blikkend) bei Peters Geburt noch einmal. Da warst Du richtig böse auf mich. Ich habe mich damals gerade beruflich verändert. Das war auch für mich keine leichte Zeit. Doch seither (zu Th gewandt) haben wir immer weniger miteinander gesprochen, außer in Gesellschaft. Wir sprechen eigentlich überhaupt nicht miteinander. Ich versuche zwar manchmal, etwas zu sagen, aber sie würgt alles ab. Nur über Haushaltsangelegenheiten, über das Bankkonto oder über die Zeiten, zu denen Frau Reisinger kommt, haben wir kurze Konversationen . . . (zu Frau M. gewandt, nachdenklich): Zu wenig Interesse und Verständnis? Hast *Du* eigentlich Interesse und Verständnis für *mich*?

Er scheint ihre Vorwürfe zu kennen. Er bedauert, daß sie kaum mehr miteinander sprechen, und wirft ihr seinerseits zu wenig Liebe vor.

Frau M.: Ich hatte! ... Das war einmal. (Zu Th): Das war damals, als er mich eroberte. Ich hatte andere Freunde, einen darunter seit langem. Der wollte mich heiraten, aber da kam dieser Herr dazwischen (auf Herrn M. deutend), machte mir den Hof, führte mich seiner Mutter vor, die ihm abriet, ich führte ihn meinen Eltern vor, dir mir zurieten, und das Drama nahm seinen Lauf. (Zu Herrn M.): Damals warst Du sehr aufmerksam. Da *wolltest* Du geliebt werden und warst bereit, dafür etwas zu tun.

Herr M. war nicht ihr einziger Heiratskandidat. Seine Mutter liebte ihn mehr als sie, aber Frau M.s Eltern liebten ihn anscheinend ebenfalls mehr als sie. Wollten sie sie „unter die Haube" bringen? argwöhnt sie unbewußt.

Herr M.: Ich tue auch jetzt noch einiges, ohne große Aussicht, daß ich dafür 'geliebt' werde. Aber ich tue es dennoch. Ich komme für das Haus und für die Kinder auf. Du hast sogar eine Kinderfrau, damit Du atmen kannst. Du mußt 'atmen können', hast Du doch behauptet.

Meint er: „Ich tue auch ohne deine Liebe meine Pflicht"?

Frau M.: Aber vorher hast Du mir die Kinder gemacht.

Ein bitterer Vorwurf.

Herr M.: Auf Deinen Wunsch. Ich wollte ebenfalls Kinder, aber ich hatte es nicht so eilig. *Du* wolltest ein Kind. Du wolltest unbedingt ein Mädchen, erinnere ich mich, und sogar diesen Wunsch habe ich Dir erfüllt.

Er erinnert sie an die „Wahrheit"?

Frau M. (zu Th): Hat das Sinn, wenn wir Ihnen hier vorstreiten, was einmal war? Jetzt ist es eben anders. Inge war ein gutes Kind,

Die „Wahrheit" will sie nicht hören? „Um Kinder zu lieben, müßte man selbst viel mehr geliebt werden und geliebt worden leicht zu handhaben, Liebling meiner Eltern, und (zu Herrn M. gewandt) auch Deine Mutter hatte Freude mit ihr, wenn ich mich recht erinnere. Dann packte Dich die Hybris oder was weiß ich. Noch ein Kind, vielleicht einen Jungen, damit Inge nicht allein ist und damit Dein Name erhalten bleiben würde, oder vielmehr der Name Deiner Mutter. Große Sache! Auch das ging nach Wunsch, aber es war das Ende unserer Liebe, wenn man unsere damalige Beziehung überhaupt noch Liebe nennen konnte ... Wenn ich darüber nachdenke, hat vielleicht auch Dein Aufwand mit dem Sohn, mit dem Stammhalter, etwas damit zu tun gehabt. Jetzt hast Du Deinen Stammhalter. Sieh zu, wie Du ihn zum Reden bringst. Behalte ihn Dir. Ich gehe mit Inge zu meinen Eltern ...

Herr M. (blickt Frau M. etwas ungläubig an, wiegt schließlich den Kopf und lächelt etwas steif).

sein", meint sie insgeheim vielleicht. Wieso glaubt sie, nicht genug geliebt *worden zu sein*? Verdächtigt sie ihre Eltern? Sollen diese vorgeführt bekommen, wie unglücklich sie sie gemacht haben, als sie sie an Herrn M. „weggaben"?

Th (nach einer längeren Pause zu Frau M. gewandt): So ist Ihnen offenbar zumute. Und Sie, Herr M., hören es in dieser Deutlichkeit zum ersten Mal?

Ich höre Ihre (Frau M.s) starke Äußerung. Und Sie, Herr M.?

Herr M.: Angedeutet hat sie es vielleicht, aber wir sprechen über solche Dinge nicht. ... Ich stelle mir vor, wie das wäre, wenn die Kinder alles mitangehört hätten.

Ist er wirklich so besorgt um die Kinder? Oder plädiert er für Rücksicht auf die Kinder, um seine Frau bei sich zu halten?

Das wäre nicht gut. Das würde sie sehr verunsichern.

Th (zu Frau M.): Sind Sie auch dieser Meinung?

Frau M.: Das ist schon möglich ... Inge hatte einmal einen Alptraum. Ich hab' vergessen, was es war, aber ich habe ihr, als ich sie am darauffolgenden Morgen wie immer zum Kindergarten brachte, versprechen müssen, daß ich nicht davonlaufe. Mag sein, daß sie etwas ahnt, obwohl ich nicht darüber spreche. Was Peter denkt oder ahnt, das entzieht sich allerdings meiner Kenntnis.

Wenn er vielleicht nicht so besorgt um die Kinder ist, wie er tut, sie ist anscheinend noch weniger besorgt um sie. Nicht einmal den Alptraum Inges konnte sie sich merken? Und Peter irritiert sie weiterhin.

Th (zu Herrn M.): Haben *Sie* eine Vermutung?

Wie gut versteht denn er die Kinder bzw. Peter?

Herr M.: Nach dem wenigen, was ich von Psychologie weiß, könnte ich mir vorstellen, daß Peter etwas von unseren persönlichen Schwierigkeiten merkt. Oder vielleicht von den Gefühlen, die seine Mutter ihm gegenüber hegt. Ich glaube, sie lehnt Peter gefühlsmäßig ab, und das merkt er. Ich lehne ihn gefühlsmäßig *nicht* ab, zumindest bilde ich mir das ein, aber ich bin zu wenig zu Hause. Frau Reisinger lehnt ihn wahrscheinlich auch nicht ab, aber es stört sie vielleicht doch, daß er nicht spricht. Ich habe manchmal den Eindruck, sie möchte ihn zum Sprechen bringen und fühlt sich durch seine Unfähigkeit oder Weigerung irritiert.

„Frau Reisinger versteht die Kinder, und das soll sie nur. Vielleicht kann *sie* uns retten", scheint Herr M. zu implizieren.

Th (zu Frau M.): *Haben* Sie den Eindruck, daß Sie Peter gefühlsmäßig ablehnen?

Eine harte Frage, die sie verneinen darf.

Frau M.: Wie könnte eine Mutter ihre eigenen Kinder ablehnen? Ich lehne Peter *nicht* ab. Er hat mir allerdings das Leben viel schwerer gemacht als Inge. Irritiert bin ich durch sein Schweigen. Deswegen weiche ich ihm sogar manchmal aus und überlasse ihn Frau Reisinger.

Sie hat es subjektiv sicher nicht leicht gehabt.

Th: Wenn ich das recht verstehe, dann gab und gibt Peter Lautäußerungen von sich, aber er spricht nicht: Er gebraucht keine Worte?

Wie gestört ist denn Peter?

Frau M.: Er kann singen. Summen, müßte man sagen, weil er den Mund dabei nicht aufmacht . . .

Sogar darüber ärgert sie sich?

Herr M.: Er merkt sich Melodien.

Er lobt Peter.

Frau M.: Inge merkte sich in diesem Alter ebenfalls schon Melodien, aber sie konnte eben auch singen. Sie kannte zu ihrem dritten Geburtstag zwanzig Kinderlieder mit Text. Wir haben uns damals den Spaß gemacht, für sie zu zählen. Das war knapp vor meiner zweiten Entbindung.

Sie lobt Inge.

Th (zu Frau M.): Kannten Sie auch selbst diese Kinderlieder?

Und wer hat Inge die Lieder gelehrt? Versuchen wir, auch Frau M.s eigene Kindheit ins Gespräch zu bringen.

Frau M.: Das waren alles auch meine Kinderlieder gewesen. Meine Mutter hat sie Inge vor-

„Meine Mutter half mir. Schätzt sie Inge vielleicht höher als *mich*?", könnte Frau M. unbe-

gesungen. Ich bin keine große Sängerin.	wußt meinen. Hat ihre Mutter auch bei *Peter* geholfen?
Th: Und wer hat sie Peter vorgesungen?	
Frau M.: *Auch* meine Mutter.	
Herr M.: Und Inge! Ich glaube, Peter hat mehr von Inge als von Deiner Mutter gelernt.	Sogar Inge hat ihr (Frau M.) geholfen?
Frau M.: Nicht, daß ich wüßte. Die Kinder spielen kaum miteinander. Inge ist ja auch im Kindergarten. Peter spielt stumm vor sich hin.	*Will* Frau M. nicht, daß Inge mit Peter spielt?
Herr M.: Frau Reisinger sagt, die Kinder spielen oft miteinander. Ich sehe sie ebenfalls zusammen spielen.	
Frau M.: Ich habe Inge trösten müssen, als Peter einmal in die Puppen geraten war und alles durcheinander gebracht hatte. Einer Puppe hat er sogar den Kopf abgebrochen. Inge hat sich vor Peter gefürchtet. Sie wollte einen Schlüssel für ihr Zimmer haben, so daß sie es absperren kann.	So etwas kann natürlich unter Kindern passieren („Besitzstörung").
Herr M.: Sie hat den Schlüssel nie verwendet.	Wer spricht jetzt die Wahrheit?
Frau M.: Woher weißt Du das?	
Herr M.: Sie hat ihn Frau Reisinger zur Aufbewahrung gegeben. Frau Reisinger bewahrt ihn in meinem Schreibtisch auf. Ich bin vor einigen Tagen darauf gestoßen und habe Frau Reisinger gefragt.	Anscheinend spricht *Herr M.* die Wahrheit.
Frau M.: Wozu hat sie dann den Schlüssel haben wollen? Das soll	Sie ist überrascht, aber sie deutet, obschon verärgert, auch eine Be-

Frau Reisinger auch *mir* noch erzählen ... Ich kann mich übrigens ... also wenn ich darüber nachdenke ... Um der Wahrheit die Ehre zu geben, versperrt habe ich Inges Zimmer nie vorgefunden.

reitschaft an, sich belehren zu lassen. Sie gesteht etwas, das Herrn M. recht gibt.

Th (nach kurzer Pause): So groß war Inges Furcht vor Peter vielleicht doch nicht?

Sieht sie etwa ein, daß sie Inge falsch einschätzt? Daß sie selbst die Gefühle hat, die sie in Inge zu erkennen glaubt?

Frau M.: Das kann ich mir nicht vorstellen. Alle Kinder fühlen sich doch von ihren kleinen Geschwistern bedroht.

Sie versucht sich zu rechtfertigen.

Th: Haben Sie auch eigene Erfahrungen für diesen ... 'Tatbestand'?

Frau M.: Als ich schwanger war, habe ich mich oft gefragt, wie Inge ein Geschwister aufnehmen würde. Wir haben es ihr praktisch bis zuletzt verheimlicht, bis knapp vor der Entbindung. Inge war ganz naiv. Sie ahnte nicht, was sich da zusammenbraute.

Frau M. selbst fürchtete sich mehr vor einem zweiten Kind (oder Geschwister) als Inge?

Th: Ich meinte, eigene Erfahrungen in Ihrer eigenen Kindheit!?

Sie will nicht von ihren eigenen Gefühlen sprechen?

Frau M.: Eigene Erfahrungen womit?

Th: Mit jüngeren Geschwistern?

Frau M.: Ich habe keine Geschwister. Ich bin die einzige ... Das heißt ... Moment! ... Wenn ich mich recht entsinne, meine Mutter hatte einen Abgang oder eine Frühgeburt. Das Kind lebte, glaube ich, nur eine Stunde.

Eine kleine Überraschung für sie, die sie sich unwillkürlich bereitet. Sie hatte selbst beinahe ein Geschwister, aber diesen 'Tatbestand' vergessen.

Th: Wie alt waren Sie da?

Frau M.: Ich war noch gar nicht geboren. Das war vor meiner Zeit.

Ihr potentielles Geschwister wäre also älter gewesen als sie. (Da haben sie ihre Eltern in der Folge wohl besonders verwöhnt) ...

Th: Und das Kind war ein Junge? Oder ein Mädchen?

Frau M.: Kann man das feststellen? ... Doch, bei einer Frühgeburt kann man das sicher ... Ich weiß es nicht ... Ich glaube, es war ein Junge, aber es ist eigentlich nie darüber gesprochen worden. Ich weiß im Moment gar nicht, wieso ich das überhaupt weiß.

Sie weiß nicht einmal sicher, welches Geschlecht ihr Geschwister gehabt hätte. Nicht Inge, sondern sie selbst wollte kein Geschwister (keinen Bruder) haben?

Herr M.: Ich höre das zum ersten Mal.

Auch für Herrn M. ist das neu.

Th (nach längerer Pause): Könnte es sein, daß Sie eigene schreckhafte Erfahrungen in der Kindheit oder auch nur schreckhafte Möglichkeiten, gar keine wirklichen Erfahrungen, aber mögliche Gefahren mitheranziehen, wenn Sie sich die Situation Ihrer Tochter Inge nach der Ankunft des kleinen Bruders vorzustellen versuchen?

Versuchen wir eine Deutung, mit Vorsicht. Sie kann sie ja zurückweisen, wenn es ihr zu viel ist.

Frau M. (nach kurzer Pause, nachdenklich): Sie meinen, daß ich mir da etwas einbilde? ... Ich habe eine sehr schöne Kindheit gehabt. Meine Eltern haben mich sehr verwöhnt, insbesondere mein Vater. Er war angeblich vernarrt in mich. ... Etwas Schreckhaftes? ... Meinen Sie vielleicht, daß mich diese Fehlgeburt meiner Mutter geschreckt hat? Von der wußte ich doch

Sie ahnt etwas, spürt etwas, aber wehrt sich – vorerst – dagegen. Sie lenkt auf Peter, Herrn M. und ihr gegenwärtiges Problem um.

nichts ... Ich glaube, davon habe ich erst als Teenager erfahren, oder noch später. ... Was hat das außerdem mit Peters Störung zu tun? ... Und unser Problem miteinander (auf Herrn M. deutend)! Unsere Beziehung zueinander taugt nichts mehr. Und was sollen wir tun? Sollen wir uns trennen oder sollen wir lieblos beisammenbleiben, wegen der Kinder?

Herr M.: Das könnte schon alles zusammenhängen. Deine Beziehung zu Peter ist nicht in Ordnung. Peter hat Dir eigentlich nichts getan, aber Du magst ihn nicht. Du verwünschst ihn. Du hast kein rationales Verhältnis zu ihm.

Will er mir recht geben? Er ahnt etwas mehr als sie, aber er hat es auch leichter. Es geht ja um *ihr* Problem, nicht um seines (obwohl auch er seine Probleme hat). Er macht ihr sogar Vorwürfe.

Frau M. (ärgerlich): Um es rational zu machen, müßte ich Wirtschaftswissenschaften studieren. Das könnte Dir so in den Kram passen!

Sie wehrt sich gegen seine Vorwürfe.

Th: Diese Probleme und Möglichkeiten, die Sie (Frau M. anblickend) genannt haben, können wir hier besprechen: Trennung oder Beisammenbleiben. Wie mit den Kindern im Falle der Trennung verfahren? Die Beziehung zu den Kindern, auch der Kinder zueinander. Sogar Ihre (auf Herrn und Frau M. deutend) Beziehungen zu Ihren Eltern, zu Ihrer beider Eltern, können wir gemeinsam zu erkunden und zu klären versuchen.

Eine kleine Zusammenfassung und Belehrung über das, was sie in der Familientherapie erwartet, könnte beiden angenehm sein.

Herr M.: Sie meinen, unsere Beziehung zu ihren Eltern (auf Frau M. deutend) und zu meiner Mutter?	Er nimmt Anstoß daran, daß sein unbekannter Vater ins Gespräch gezogen werden könnte.
Th: Ja, aber (Herrn M. anblikkend) sogar Ihr Vater spielt vielleicht eine Rolle, selbst wenn Sie ihn nie gesehen haben. Er wurde jedenfalls von Ihnen hier bereits erwähnt.	
Frau M.: Na ja . . . Bringt das was?	Sie äußert Skepsis.
Th: Nach meinen Erfahrungen, ja, aber Sie können sich ja selbst überzeugen. Wenn es nichts bringt (Herrn und Frau M. anblickend), steht Ihnen frei, etwas anderes zu versuchen. Vielleicht kann ich Ihnen sogar *dabei* behilflich sein. Aber um sich zu überzeugen, müßten Sie es hier einmal probieren, für eine gewisse Zeit . . .	Sie darf Skepsis äußern. Eine weitere Belehrung über die Therapiesituation scheint günstig.
Herr M.: Was für eine Zeit?	Er denkt an die Kosten?
Th: Vorerst für einige Sitzungen. . . . Dann können Sie selbst beurteilen, ob Sie weitermachen wollen, und ich kann Ihnen vermutlich auch vorschlagen, ob Sie aus meiner Sicht weitermachen sollen . . .	Keine Angst, Herr und Frau M.! Wenn es Ihnen zu viel wird oder nichts bringt, bin *ich* schuld, nicht *Sie*.

Noch in dieser Sitzung wurden die Familie von Frau M., die Umstände des ersten Kennenlernens von Frau und Herrn M. und einige Einzelheiten aus der frühesten Kindheit Inges besprochen.

4.3.2. Diagnostische Bewertung

Sowohl Herr M. wie Frau M. sind als Einzelkinder aufgewachsen. Das läßt erwarten, daß ihnen der Umgang mit eigenen Kindern nicht leichtfallen wird, sofern nicht besonders günstige Umstände in ihren Ursprungsfamilien vorlagen.

Dies war bei Herrn M. mit hoher Wahrscheinlichkeit nicht der Fall. Er hatte keinen Vater, und von einem Ersatzvater oder von Großeltern, die ausgleichend hätten wirken können, ist vorerst nichts bekannt. Seine Mutter scheint einen harten Kampf um den Lebensunterhalt für sich und ihn geführt haben zu müssen, schaffte es aber allmählich immer besser. Eine starke Bindung an ihren Sohn und ihres Sohnes an sie ist wahrscheinlich. Diese birgt allerdings Gefahren der inneren Abhängigkeit von seiner Mutter und von Schwierigkeiten im Umgang mit Frauen bzw. der Entstehung von homosexuellen Tendenzen.

Die schwierigen Lebensumstände, die Herr M. und seine Mutter zu meistern hatten, dürften diese Gefahren allerdings verringert haben. Herr M. konnte sich von seiner Mutter offensichtlich geographisch trennen, war erfolgreich im Studium und bei der Arbeit – er hat eine leitende Stellung und ein finanziell wohlbestelltes Haus – und auch für Frauen hatte er offensichtlich ein nachhaltiges Interesse. Er gewann in der Werbung um Frau M. gegen mindestens einen anderen ernsthaften Konkurrenten. Ob damit allerdings die genannten Gefahren tatsächlich als bestanden und gebannt bezeichnet werden sollen, ist nicht sicher.

Frau M. hatte vermutlich viel günstigere Lebensumstände, obwohl auch ihre Familie von den Kriegs- und Nachkriegsnöten nicht verschont geblieben sein dürfte. Durch die vorangegangene Fehlgeburt waren Frau M.'s Eltern wahrscheinlich besonders bedacht darauf, es ihr an nichts fehlen zu lassen und alles nur Mögliche zu ihrem Wohlbefinden zu tun. Wenn ihr erstes Kind tatsächlich ein Junge war, wie Frau M. es zu erinnern scheint, könnte auch ein wenig Bedauern in den Eltern zurückgeblieben sein, daß sie, Frau M., kein Junge war.

Wenn dieses Bedauern je für Frau M. hörbar oder spürbar wurde, erlebte sie dies wahrscheinlich als eine schwere Kränkung, gegen deren Wiederholung sie sich unwillkürlich fortan zu verwahren trachtete. Vielleicht stand in der Familie auch noch die Anschaffung eines weiteren Kindes zur Debatte, aber davon wollte sie nichts wissen. Es könnte sogar sein, daß sich Frau M. falsch erinnert und die Fehlgeburt erst eintrat, als sie selbst schon geboren war. Jedenfalls scheint sie eine Aversion gegen ein zweites Kind oder gegen ein Geschwister aus ihrer Kindheit mit in die Ehe gebracht zu haben, vielleicht sogar eine Aversion gegen Kinder überhaupt. Daß sie in der Ehe angeblich ein Kind haben wollte und sich ein Mädchen wünschte, könnte schon der Ausdruck eines Gefühls gewesen sein, nicht genügend geliebt zu werden, und zwar nicht nur von ihrem Mann, sondern sogar von ihren Eltern. Dem wollte sie abhelfen, indem sie sich ein Mädchen anschaffte, das sie selbst so lieben würde, wie sie gerne geliebt worden wäre, und das auch ihr Mann und ihre Eltern nicht umhin konnten, ohne Vorbehalte zu lieben. Vielleicht fiel sogar für sie noch ein wenig zusätzliche Liebe ab.

Trotz der viel günstigeren Lebensumstände in ihrer Ursprungsfamilie könnte also Frau M. ebenfalls keine großen Dispositionen für den Umgang mit eigenen Kindern in die Ehe gebracht haben. Das ließ sich gegenüber ihrem ersten Kind, Inge, vielleicht noch verheimlichen, besonders da Inge den Angaben nach ein überdurchschnittlich intelligentes Kind war und ist, aber mit der Ankunft des zweiten Kindes, noch dazu eines Jungen von angeblich nur durchschnittlicher Begabung, wurde ihr innerer Notstand offenkundig. Sie wollte selbst mehr Kind sein dürfen oder, wenn sie schon Mutter war, viel mehr für alles, was sie tat, beachtet, bewundert und gelobt werden, als ihr tatsächlich zuteil wurde. Und wenn man schon einem Mann „übergeben worden war" und wenn ihr dieser Mann „Kinder machte", und wenn Männer so wichtig waren, ihr Mann beispielsweise nicht nur für seine Mutter, sondern sogar für ihre eigenen Eltern, dann mußte er sich durch ein großes Übermaß an Liebe bei ihr dafür entschuldigen. Wenn er das nicht tat, dann hatte er die Folgen zu tragen, und natürlich auch Peter.

Dieser Konflikt der Eltern miteinander und mit Kindern überhaupt sowie die Verdichtung des Konfliktes mit der Ankunft Peters könnte diesen unter anderem in seiner Sprachentwicklung bzw. in seiner Sprechbereitschaft verzögert haben. Selbst wenn eine organische oder konstitutionelle Schwäche bei Peter vorliegen sollte, hat der Konflikt der Eltern miteinander und die innere Ablehnung Peters durch seine Mutter erschwerend für Peter gewirkt. Auch wenn nicht ausdrücklich darüber gesprochen wurde, müssen Inge und Peter die frostige und wortkarge Beziehung der Eltern zueinander bemerkt und sich vielleicht um den Bestand der Ehe und ihren eigenen Verbleib auf ihre Weise Sorgen gemacht haben.

In der Familientherapie können die Beziehungen von Herrn und Frau M. zu ihren eigenen Eltern und zu ihren Familienschicksalen näher erkundet und auf ihren Beitrag – durch Übertragung – in ihrem eigenen Partnerkonflikt untersucht werden. Es ist möglich, daß beide stärker an ihren Eltern bzw. an ihrer Mutter hängen, als sie wahrhaben wollen, und daß ihnen eine größere Anteilnahme und mehr Hilfeleistungen von den Eltern bzw. der Mutter willkommen gewesen wären. Dazu hätte Frau M. allerdings ihre Eifersucht auf ihre Schwiegermutter erkennen und mildern müssen. Notfalls übernahm wohl Frau Reisinger diese ersehnte Funktion.

Die Kinder, Inge und Peter, scheinen in ihrem Verhältnis zueinander nicht wesentlich gestört. Vielleicht kann von allen Beteiligten Inge noch am ehesten Peter zum Sprechen bringen, ja vielleicht hat Peter mit Inge sogar schon gesprochen. Die Eltern sollten angehalten werden, in die Beziehung der Kinder zueinander möglichst nicht einzugreifen, sondern sie vielmehr zu beobachten und vielleicht sogar das eine oder andere zu lernen, was sie in ihrer eigenen Kindheit – als Einzelkinder – nicht zu lernen vermochten; einiges, das sie sogar für ihre eigene Beziehung zueinander brauchen könnten. Damit wäre wahrscheinlich allen gedient. Dadurch würde möglicherweise auch Frau M. von der geäußerten Absicht abkommen, mit Inge zu ihren Eltern zu ziehen.

Die Kinder sollten nicht getrennt werden, auch wenn die Eltern bei ihren Trennungswünschen bleiben. Wenn aber erst einmal für die Eltern feststeht, daß man die Kinder traumatisieren würde, falls man sie trennte, werden die Eltern, insbesondere Frau M., vielleicht doch die Möglichkeiten und realistischen Bedingungen eines weiteren Zusammenlebens ernsthafter erwägen. Dabei könnten auch andere Personen, welche Herr und Frau M. vor ihrer Ehe als eventuelle Liebespartner und Heiratskandidaten in Betracht gezogen hatten, zur Sprache kommen und die Gründe für ihre tatsächliche Wahl vielleicht erhellt werden.

Alles Gesagte gilt natürlich nur unter der Voraussetzung, daß wir die Klienten, ihre Angaben, ihre Äußerungen und die daraus ersichtlichen tatsächlichen Lebensumstände richtig verstanden und gedeutet haben. Sollten in weiteren Familiengesprächen widersprechende Informationen auftauchen, dann wird sich dieses vorläufige Bild verändern.

4.3.3. Sind Verallgemeinerungen möglich?

Man könnte behaupten, daß es in der Familie M. ohnedies zivilisiert zugeht, daß sie wohlhabend ist und keine materiellen Sorgen hat und daß es sich um gebildete und vermutlich überdurchschnittlich intelligente Eltern handelt. Was macht man jedoch mit Familien, die in Armut und Not leben, die nur geringe Bildung haben und einander füttern und umarmen, beschenken, beneiden und bestehlen, schlagen oder davonlaufen, aber nicht reden? Was macht man mit zerstreuten Familien, mit Rumpffamilien, mit Personen, die jeden Familienkontakt verloren haben oder, noch schlimmer, mit Personen, die überhaupt nie ein Familienleben kannten? Wäre es nicht manchmal besser, einer Familie eine monatliche Rente zuzuschießen, ihnen eine bessere Wohnung zu verschaffen, ihnen bei der Instandhaltung der

Wohnung zu helfen oder ihren Kindern Nachhilfeunterricht zu geben? Und müßte man nicht manchen solchen Familien überhaupt erst zeigen und mit ihnen üben, wie ein Familienleben sein sollte?

Diese Fragen sind berechtigt. Es gibt andere Notstände als die psychischen, auch wenn beispielsweise in Mittel- und Westeuropa die Mehrheit aller Familien vor solchen materiellen Notständen verschont bleibt. Materielle Notstände von Familien oder Familienresten bedürfen ganz anderer Hilfen als jener, für welche Familientherapeuten zuständig sind. Andererseits sind unter solchen materiellen Notständen die psychischen Notstände eine überzufällig häufige Begleiterscheinung.

Auch solchen Familien und Familienresten haben Familientherapeuten etwas zu bieten. Sie können ihnen helfen, die anderen Hilfen überhaupt zu suchen, bereits gebotene Hilfen besser zu nützen und sich letzten Endes selbst zu helfen. Sie können ihnen sogar Anleitungen für ein besseres Familienleben geben und es mit ihnen üben. Das heißt, daß sie nicht nur als Familientherapeuten, sondern auch als Berater und Lehrer eines besseren Familienlebens tätig werden. Sie helfen mitunter sogar jenen, die überhaupt nie ein Familienleben gehabt haben, ein solches zu entwickeln. Das geschieht zum Teil durch konkrete Empfehlungen für die Alltagswirklichkeit der Patienten, manchmal sogar durch Anweisungen und aktive Eingriffe in die Lebenskontexte der behandelten Familien.

In allen solchen Fällen ist jedoch innerhalb der klassischen Familientherapie eine ausreichend lange Erkundung vorangegangen, die nach den klassischen Gesprächsführungsregeln erfolgte. In dieser Erkundung haben die Familienmitglieder sich so geäußert, wie sie es wollten und konnten, einander lange genug zugehört, um irgend etwas Neues über ihre Familienmitglieder oder ihre Familien zu erfahren, irgend etwas an Erlebnissen, Gedanken, Wünschen oder Interessen, das sie bis dahin nicht gekannt oder nicht so gesehen hatten. Das gilt auch für Familien, die sich angeblich überhaupt nicht sprachlich ausdrücken und sprachliche Äußerungen ihrer Familienmitglieder nicht verstehen können. Auch solche Familien sagen und hören Worte und artikulieren und verstehen auf ihre Weise mehr, als der flüchtige Beobachter zu erkennen glaubt.

Das heißt, auch solchen Familien sind Kommentare und Deutungen des Familientherapeuten zugänglich und manchmal in elementarer Form einsichtig. Sie müssen allerdings in der Sprache, im Idiom der Familie erfolgen. Familien können sich sogar selbst solche Kommentare und Deutungen geben, manchmal auch ohne Familientherapie.

Das heißt weiter: Ohne irgendwelche Einsichten in die Gefühle, Motive und Konflikte der Familienmitglieder, und sei es auch nur eine einzige solche Einsicht, kann die Familie keine Änderungen einleiten. Ohne solche beginnenden Änderungen in den Familienbeziehungen und Interessen der Familienmitglieder vermögen aber auch materielle Hilfen oft nicht ihre Zwecke zu erfüllen. Sie verpuffen, versanden oder werden sarkastisch mißbraucht.

LITERATURVERZEICHNIS

Ackerman, N. W., Psychodynamics of family life. New York, Basic Books 1958.

–, Treating the troubled family. New York, London, Basic Books 1966.

Adler, A., Praxis und Theorie der Individualpsychologie. München, Bergmann 1920. 3. Aufl. 1927.

Aichhorn, A., Verwahrloste Jugend. Leipzig, Wien, Zürich 1925. Englisch: Wayward youth. London, Putnam 1936.

Ammon, G., Gruppenpsychotherapie. Hamburg, Hoffmann und Campe 1973.

Angyal, A., Foundations for a science of personality. New York, Commonwealth 1941.

Auerbach, A. (ed.), Schizophrenia. New York, Ronald Press 1959.

Axline, Virginia, Play therapy. Boston, Houghton-Mifflin 1947. Deutsch: München, Reinhardt 1972.

Balint, M., Der Arzt, sein Patient und die Krankheit. Stuttgart, Klett 1957.

Bandura, A., Principles of behavior modification. London, New York, Sidney, Toronto, Holt, Rinehart and Winston 1969.

Bateson, G., Jackson, D. D., Haley, J., and Weakland, J., Toward a theory of schizophrenia. Behavioral Science, 1, 251–264, 1956.

Battegay, R., Der Mensch in der Gruppe: II. Allgemeine und spezielle gruppentherapeutische Aspekte. Bern, Stuttgart, Huber 1967.

Bell, N. W., and Vogel, E. F. (eds.), A modern introduction to the family. Glencoe, Ill., Free Press 1960.

Berne, E., Games people play. New York, Grove Press 1964. Deutsch: Hamburg, Rowohlt 1967.

Bertalanffy, L. von, General systems theory. New York, Braziller 1968.

Binswanger, L., Grundformen und Erkenntnis menschlichen Daseins. Zürich, Niehaus 1953.

Bion, W. R., Experiences in groups. London, Tavistock 1961. Deutsch: Stuttgart, Klett 1971.

Bloch, D. A. (ed.), Techniques of family therapy: A primer. New York, London, Grune and Stratton 1973.

Blöschl, Lilian, Grundlagen und Methoden der Verhaltenstherapie. Bern, Stuttgart, Wien, Huber 1969.

Boszormenyi-Nagy, I., and Framo, J. L. (eds.), Intensive family therapy: Theoretical and practical aspects. New York, Harper and Row 1965. Deutsch: Hamburg, Rowohlt 1975.

Bowen, M., Family relations in schizophrenia. In: Auerbach, A. (ed.): Schizophrenia. New York, Ronald Press 1959.

–, A family concept of schizophrenia. In: Jackson, D. D. (ed.): The etiology of schizophrenia. New York, Basic Books 1960.

–, Family therapy with schizophrenia in the hospital and in private practice. In: Boszormenyi-Nagy, I., and Framo, J. L. (eds.): Intensive family therapy. New York, Harper and Row 1965.

–, Family therapy and family group therapy. In: Kaplan, H., and Sadock, P. (eds.), Comprehensive group psychotherapy. Baltimore, Williams and Wilkins 1971.

–, Family therapy in clinical practice. New York, London, Aronson 1978.

Bühler, Charlotte, and Massarik, F. (eds.), The course of human life. New York, Springer 1968. Deutsch: Stuttgart, S. Fischer 1969.

Bühler, K., Die geistige Entwicklung des Kindes. Jena, G. Fischer 1930.

Caruso, I. A., Psychoanalyse und Synthese. Wien, Herder 1952.

Charcot, J. M., Œuvres complètes. Paris, Lecrosnier et Babé 1886–1890.

Chomsky, N., Syntactic structures. The Hague, Gravenhage 1957. Deutsch: Sprache und Geist. Stuttgart, Suhrkamp 1970.

–, Aspects of the theory of syntax. Cambridge, Mass., M. I. T. Press 1965.

Dollard, J., and Miller, N. E., Personality and psychotherapy. New York, Toronto, London, McGraw-Hill 1950.

Ellis, A., An introduction to the principles of scientific psychoanalysis. Provincetown, Mass., Journal Press 1950.

Erikson, E. H., Childhood and society. New York, Norton 1950. Deutsch: Zürich, Stuttgart, Pan Verlag 1957.

–, Identity and the life cycle. New York, Internat. Universities Press 1959.

Eysenck, H. J., Experiments in behavior therapy. London, New York, Pergamon Press 1964.

–, and Rachman, S., The causes and cures of neurosis. London, Routledge and Kegan Paul 1965. Deutsch: Berlin, VEB Deutscher Verlag der Wissenschaften 1967.
Fairbairn, W. R. D., Psychoanalytic studies of the personality. London, Tavistock, New York, Basic Books 1952.
Foulkes, S. H., Gruppenanalytische Psychotherapie. München, Kindler 1974.
Framo, J. L., Marriage therapy in a couples group. In: Bloch, D. A. (ed.), Techniques of family therapy: A primer. New York, London, Grune and Stratton 1973.
Frankl, V. E., Die Existenzanalyse und die Probleme der Zeit. Wien, Amandus 1947.
Freud, Anna, Einführung in die Technik der Kinderanalyse. Wien, Internat. Psychoanalyt. Verlag 1927.
Freud, S., Die Abwehr-Neuropsychosen (1894). Ges. Werke, Bd. 1. London, Imago Publishing Co. 1940–1965.
–, Die Traumdeutung (1900). Ges. Werke, Bd. 2/3.
–, Trauer und Melancholie (1916). Ges. Werke, Bd. 10.
–, Vorlesungen zur Einführung in die Psychoanalyse (1916/17). Ges. Werke, Bd. 11.
–, Die endliche und die unendliche Analyse (1937). Ges. Werke, Bd. 16.
Friedmann, A. S., Psychotherapy for the whole family: Case histories, techniques, and concepts of family therapy of schizophrenia in the home and clinic. New York, Springer 1965.
Fromm-Reichmann, Frieda, Principles of intensive psychotherapy. Chicago, University of Chicago Press 1950.
Gerlicher, K. (ed.), Familientherapie in der Erziehungsberatung. Weinheim und Basel, Beltz 1977.
Glasser, W., Reality therapy. New York, Harper and Row 1965. Deutsch: Weinheim, Basel, Beltz 1972.
Glick, I. D., and Haley, J., Family therapy and research. New York, Grune and Stratton 1971.
Goldstein, K., Human nature in the light of psychotherapy. Cambridge, Harvard University Press 1940.
Gray, W., Duhl, F. J., and Rizzo, N. D. (eds.), General systems theory and psychiatry. Boston, Little, Brown 1969.
Grinker, R. (ed.), Toward a unified theory of human behavior. New York, Basic Books 1956.

Guntrip, H., Schizoid phenomena, object relations and the self. New York, Internat. Universities Press 1969.

Haley, J., Strategies of psychotherapy. New York, Grune and Stratton 1963.

Harlow, H. F., The nature of love. Amer. Psychologist 1958, 13, 673–685.

Harris, Th. A., I am o. k. You are o. k.: A practical guide to transactional analysis. New York, Harper and Row 1967. Deutsch: Hamburg, Rowohlt 1973.

Hart, J. T., and Tomlinson, T. M., New directions in client-centered therapy. Boston, Houghton Mifflin 1970.

Hilgard, E. R., and Bower, G. H., Theories of learning. 3rd ed. New York, Meredith 1966. Deutsch: Stuttgart, Klett 1971.

Hörmann, H., Psychologie der Sprache. Berlin, Heidelberg, New York, Springer 2. Aufl. 1970.

Hull, C. L., Principles of behavior. New York, Appleton-Century-Crofts 1943.

Institoris, H., und Sprenger, J., Malleus maleficarum 1487.

Jackson, D. D. (ed.), Etiology of schizophrenia. New York, Basic Books 1960.

Janet, P., L'état mental des hystériques. 1892.

Janov, A., The primal scream. New York, Dell Publ. 1970. Deutsch: Frankfurt, S. Fischer 1973.

Jaspers, K., Allgemeine Psychopathologie. Berlin und Heidelberg, Springer 1946.

Jung, C. G., Wandlungen und Symbole der Libido (1912). Ges. Werke, Bd. 5. Olten und Freiburg i. Br., Walter 1935–1976.

Kelly, G. A., The psychology of personal constructs. 2 vol., New York, Norton 1955.

Klein, Melanie, The psychoanalysis of children. London, Hogarth Press 1932.

Kraepelin, E., Psychiatrie (1883). 9. Aufl., Leipzig, Barth 1927.

Laing, R. D., Phillipson, H., and Russell, L., Interpersonal perception. London, Tavistock Publications 1966.

Laqueur, H. P., Multiple family therapy: Questions and answers. In: Bloch, D. A. (ed.), Techniques of family therapy: A primer. New York, London, Grune and Stratton 1973.

Lazarus, A. A., Behavior therapy and beyond. New York, McGraw-Hill 1971.

Leuner, H., Katathymes Bilderleben. Stuttgart, Thieme 1970.

Lidz, T., Fleck, S., and Cornelison, A. R., Schizophrenia and the family. New York, Internat. Universities Press 1965.

London, P., The end of ideology in behavior modification. Am. Psychol. 27, 913–920, 1972.

Lorenz, K., Vergleichende Verhaltensforschung. Zool. Anz. Supp. 12, 69–102, 1939.

–, Die angeborenen Formen möglicher Erfahrung. Zft. Tierpsychol. 5, 235–409, 1943.

–, King Salomon's ring: New light on animal ways. London, Methuen 1952.

Mahrer, A. R. (ed.), The goals of psychotherapy. New York, Appleton-Century-Crofts 1967.

Mandel, Anita, Mandel, K. H., Stadter, E., und Zimmer, D., Einübung in Partnerschaft durch Kommunikations- und Verhaltenstherapie. München, Pfeiffer 1971.

Mandel, K. H., Mandel, Anita, und Rosenthal, H., Einübung der Liebesfähigkeit. München, Pfeiffer 1975.

Maslow, A. H., Motivation and personality. New York, Harper 1954.

May, R., Man's search for himself. New York, Norton 1953.

Meistermann-Seeger, Edeltraut, Gestörte Familien. München, Beck 1976.

Meyer, V., and Chesser, E. S., Behaviour therapy in clinical psychiatry. Harmondsworth, Penguin Books 1970. Deutsch: Stuttgart, Thieme 1971.

Midelfort, C. F., The family in psychotherapy. New York, McGraw-Hill 1957.

Minuchin, S., Families and family therapy. Cambridge, Harvard University Press 1974.

Moreno, J. L., Psychodrama. New York, Beacon Press 1946.

Mowrer, O. H., Learning theory and personality dynamics. New York, Ronald Press 1950.

Pakesch, E. (ed.), Die Familie als Patient (Internat. Symposion, Graz 1973). Graz, Akad. Druck- und Verlagsanstalt 1974.

Papp, Peggy (ed.), Family therapy: Full length case studies. New York, London, Gardner Press (Wiley) 1977.

Parsons, T., The social system. Glencoe, Ill., The Free Press 1951.

–, and Bales, R. F., Family socialization and interaction process. New York, The Free Press and Collier-Macmillan 1955.

Perls, F., The gestalt approach and eye witness to therapy. Palo Alto, Calif., Science and Behavior Books 1973. Deutsch: München, Pfeiffer 1976.

–, Hefferline, R., and Goodman, P., Gestalt therapy. New York, Julian Press 1951.

Pongratz, L. J., Lehrbuch der klinischen Psychologie. Göttingen, Hogrefe 1973.

– (Hrsg.), Handbuch der Psychologie, Bd. 8 (Klinische Psychologie). Göttingen, Hogrefe 1978.

Portmann, A., Zoologie und das neue Bild des Menschen. Hamburg, Rowohlt 1956.

Rachman, S., Verhaltenstherapien bei Phobien. Deutsch von Bergold, J. B., München, Berlin, Wien, Urban und Schwarzenberg, 2. Aufl. 1972.

Richter, H. E., Patient Familie: Entstehung, Struktur und Therapie von Konflikten in Ehe und Familie. Hamburg, Rowohlt 1970.

–, Die Gruppe. Hamburg, Rowohlt 1972.

–, Strotzka, H., und Willi, J. (eds.), Familie und seelische Krankheit. Hamburg, Rowohlt 1976.

Rogers, C. R., Client-centered therapy. Boston, New York, Houghton, Mifflin 1951; auch 1942.

Rosen, J. N., Direct analysis. New York, Grune and Stratton 1953.

Ruesch, J., and Bateson, G., Communication, the social matrix of psychiatry. New York, Norton 1951.

Satir, Virginia, Conjoint family therapy. Palo Alto, Science and Behavior Books 1964, rev. ed. 1967.

Schraml, W. J. (Hrsg.), Klinische Psychologie. Bern, Stuttgart, Wien, Huber 1970.

Schultz, I. H., Das autogene Training (1932). Stuttgart, Thieme 1950.

Schultz-Hencke, H., Der gehemmte Mensch. Leipzig, Thieme 1940.

–, Lehrbuch der analytischen Psychotherapie. Stuttgart, Thieme 1951.

Slavson, S. R., Analytic group psychotherapy. New York, Columbia University Press 1950. Deutsch: Göttingen, Verlag für Medizinische Psychologie 1956.

Spitz, R. A., Die Entstehung der ersten Objektbeziehungen. Stuttgart, Klett 1957.

Stierlin, H., Von der Psychoanalyse zur Familientherapie. Stuttgart, Klett 1975.

Sullivan, H. S., Conception of modern psychiatry. Washington, D. C., William Alanson White Foundation 1947.
Tausch, R., Gesprächspsychotherapie. Göttingen, Hogrefe 1968.
Tinbergen, N., The study of instinct. Oxford, Clarendon Press 1951.
–, Social behavior in animals, with special reference to vertebrates. London, Methuen, New York, Wiley 1953.
Tolman, E. C., Purposive behavior in animals and men. New York, Century 1932.
Toman, W., Die Familienkonstellation und ihre psychologische Bedeutung. Psychol. Rundschau, 10, 1–15, 1959 a.
–, Family constellation as a basic personality determinant. J. Indiv. Psychology, 15, 199–211, 1959 b.
–, Family constellation. New York, Springer 1961 (1969, 1976).
–, Familienkonstellationen. München, Beck 1965 (1974).
–, Motivation, Persönlichkeit, Umwelt. Göttingen, Hogrefe 1968.
–, The "duplication theorem" of social relationships as tested in the general population. Psychol. Rev. 1971, 78, 380–390.
–, Familienkonstellation. München, Beck. 2. rev. Aufl. 1974.
–, Family constellation. New York, Springer, 3rd rev. ed. 1976.
–, Familientherapie im Kontext der Psychotherapie. In: Gerlicher, K. (ed.), Familientherapie in der Erziehungsberatung. Weinheim und Basel, Beltz 1977.
–, Ziele der Psychotherapie. In: Handbuch der Psychologie, Band 8/2, 1820–1830, Göttingen, Hogrefe 1978 a.
–, Tiefenpsychologie. Stuttgart, Kohlhammer 1978 b.
–, und Preiser, S., Familienkonstellationen und ihre Störungen. Stuttgart, Enke 1973.
Watzlawik, P., Beavin, Janet H., and Jackson, D. D., Pragmatics of human communication. A study of interactional patterns, pathologies and paradoxes. New York, Norton 1967.
Weizsäcker, V. von, Körpergeschehen und Neurose. Stuttgart, Klett 1947 a.
–, Der Gestaltkreis. Stuttgart, Klett 1947 b.
Whitaker, C. A., and Malone, T. P., The roots of psychotherapy. New York, McGraw-Hill 1953.
Winnicott, D. W., The maturational processes and the facilitating environment. London, Hogarth 1965.
Wolberg, L. R., Medical hypnosis (2 vols.). New York, Grune and Stratton 1948.

Wolpe, J., Psychotherapy by reciprocal inhibition. Stanford, Calif., Stanford University Press 1958.

–, and Lazarus, A. A., Behaviour therapy techniques. Oxford, London, New York, Pergamon Press 1966.

Wynne, L. C., Rykoff, I., Day, J. et al., Pseudo-mutualization in the family relations of schizophrenics. In: Bell, N. W., and Vogel, E. (eds.), A modern introduction to the family. Glencoe, Ill., Free Press 1960.

Yalom, B., Theory and practice of group psychotherapy. New York, London, Basic Books 1970. Deutsch: München, Kindler 1974.

Yates, A. J., Behavior therapy. New York, London, Wiley 1970.

Zilboorg, G., and Henry, G. W., A history of medical psychology. New York, Norton 1941.

AUTORENREGISTER

SACHREGISTER